UN POT

SANS COUVERCLE,

ET RIEN DEDANS.

(Par Eusebe Salverte)

UN POT
SANS COUVERCLE,
ET RIEN DEDANS,

O U

LES MYSTÈRES DU SOUTERRAIN
DE LA RUE DE LA LUNE,

HISTOIRE MERVEILLEUSE ET VÉRITABLE,

Traduite du français en langue vulgaire ;

PAR LOUIS RANDOL.

Dove diavolo, messer Lodovico, havete pigliato tante ..... divinezze ? — (*Mot du cardinal* d'Est à *l'Arioste.*)

Se vend A PARIS,

Chez B. LOGEROT, imprimeur, rue Honoré, n°. 41, vis-à-vis la place Vendôme,

Et chez les Marchands de Nouveautés.

AN VII.

A ELLE.

En vous envoyant ce badinage, je n'ai pas la prétention de vous le dédier ; croyez, au contraire, que vous êtes la dernière personne du monde à qui j'en adresserais la dédicace. Si j'ose vous inviter à l'honorer d'un coup-d'œil, c'est que j'ai vu quelquefois, sur vos lèvres, la sagesse sourire à la gaîté.

Si mon livre réussit, consolez - moi des applaudissemens des sots, en distinguant les traits qui auront su vous plaire. S'il n'a point de succès, consolez-moi encore, en m'indiquant les endroits qui méritaient d'en avoir.

L. DE R.

TABLE
DU CONTENU DE CET OUVRAGE.

N. B. L'on n'a point fait de table des matières, parce qu'elle suppléerait d'avance, et avec une immense supériorité, au *Vocabulaire universel*, tant promis par les auteurs de l'*Encyclopédie méthodique*. On ne veut point porter un aussi grand préjudice à leur entreprise, qui n'a déja pas besoin d'une concurrence redoutable, pour ne point arriver à bien.

UN

UN POT
SANS COUVERCLE,
ET RIEN DEDANS;

OU

LES MYSTÈRES DU SOUTERRAIN
DE LA RUE DE LA LUNE,

HISTOIRE MERVEILLEUSE ET VÉRITABLE.

I.

Dédicace. Détails historiques sur le traducteur et sur son ouvrage. Preuve de la supériorité de celui-ci sur tous les romans de Diablerie.

RECEVEZ mon hommage, bonne compagnie actuelle, lecteurs intrépides de romans nouveaux, protecteurs des belles lettres

A

au *Diable* et à *Cadet Roussel* ; soutiens de l'art dramatique chez *Madame Angot* ; appuis des beaux arts et des bonnes mœurs aux jardins de Paphos , de Bagatelle et d'Idalie ; instituteurs en fait de délicatesse et de probité dans vos bureaux et sur la place ; propagateurs des sciences de l'équitation , du calcul et des chiffons, chez vos charons , à la bourse et chez vos marchandes de mode ; seuls possesseurs enfin du bon ton et des belles manières ! C'est à vous que je dédie ce petit chef-d'œuvre ; et en cela , je ne fais que m'acquitter de mon devoir : tel saint , tel encens ! Si j'avais pu rendre mon écrit plus digne encore de vos mérites , je l'aurais fait de tout mon cœur. Mais excusez-moi : il m'a été impossible d'entasser plus de niaiseries en moins de mots.

Vous demanderez peut - être qui je suis pour vous raconter une aventure qui doit s'être passée sous vos yeux. Je vous satisferai avec plaisir ; car chacun aime à parler de soi. Vous-mêmes êtes dans ce cas , mes très-estimables patrons. Il n'y en a pas un de vous qui , dans un quart d'heure , n'en fournisse vingt fois la preuve personnelle ; quoiqu'assurément il eut de la peine à choisir un plus piètre sujet de conversation.

Or donc ! voyant que tout le monde gardait un silence obstiné sur une histoire récente et merveilleuse , faite pour convaincre les plus incrédules de l'existence du diable , et par conséquent de la vérité de notre sainte religion ; j'ai soupçonné que l'amour-propre des parties intéressées était le nœud commun de cette conspiration muette ; et soit que j'aie plus à me louer qu'un autre du rôle que j'ai joué dans l'aventure du *Pot sans couvercle*, ou que depuis que je suis ruiné , je sois devenu modeste (par l'effet d'une révolution morale totalement inverse de celle que vous avez éprouvée) , j'ai résolu de découvrir le *pot aux roses*, et de songer aux intérêts de la postérité. J'ai seulement changé les noms , et en cela peut-être j'ai eu tort. Ce sont les vôtres , mes respectables acheteurs : hier on ne les connaissait pas , et demain on ne les connaîtra pas davantage.

Mais j'avais commis une faute bien plus grave , et je veux m'en confesser. Imagineriez-vous que je m'étais donné bien de la peine pour écrire mon ouvrage en français correct, élégant, châtié? autant valait l'écrire en hébreu. Hors quelques pédans , qui lit aujourd'hui Voltaire , Montesquieu , Rousseau et leurs imitateurs ? Ceux de leurs disciples qui vivent encore , ont brisé la plume qu'ils avaient reçue de ces vieux maîtres , pour adopter le style moderne. Depuis ce tems , ils se louent de leurs libraires, et leurs libraires ne se plaignent point d'eux.

L'exemple de ces grands hommes de nos jours m'a fait enfin sentir ce qui me manquait. Pour y suppléer, j'ai fait ma cour à une belle dame à qui j'avais entendu dire que *Candide* est un roman ennuyeux ; j'ai fréquenté une compagnie brillante où l'on s'était plaint en chorus d'avoir bâillé mortellement à *Feydeau* un jour qu'on y jouait les *Femmes savantes* ; j'ai fait des séances assidues chez *Tortoni* et aux foyers des spectacles où se réunit le beau monde ; j'ai lu deux ou trois piles de romans nouvellement traduits de l'allemand et de l'anglais ; enfin je me suis instruit à fond de la langue actuelle. Alors j'ai entrepris de traduire mon premier ouvrage avec autant de soin et de rapidité que mes confrères traduisent les productions germaines et britanniques. Difficilement aurais-je moins bien réussi.

Après ces aveux dépouillés d'amour-propre , souffrez que je rende justice à ma production et à moi. Remarquez d'abord cette finesse de m'intituler *Traducteur* , et non pas auteur , tandis que je suis l'un et l'autre. Mais je sais que le plus mauvais roman ne trouverait pas un lecteur parmi vous, si vous ne lisiez au titre en majuscules capitales , TRADUIT , etc. , etc. C'est-là votre boussole , j'ai pensé dire votre guidâne.

Observez ensuite que cette histoire est supérieure à tous les contes et romans de diablerie et de sorcellerie passés , présens et à venir.

Je vais vous le démontrer par un petit raisonnement. Je vous ferai quelquefois des raisonnemens. Passez-moi cette manie , je vous en passe bien d'autres. Et si , chemin faisant , vous me trouvez l'esprit un peu subtil , souvenez-vous de moi , quand vous aurez quelques procès pour marchés très-adroitement passés avec la république , et éludés plus adroitement encore , ou pour telle autre misère : je puis vous servir.

L'histoire que j'écris vaut mieux que tous les romans passés et présens , car je les ai tous pillés : mieux que les romans à venir , car j'ai tout dit ; ils ne pourront que me répéter , et je crierai au plagiat.

— Cette réclamation sera-t-elle juste ?

— Oui , respectable acheteur ! vous êtes fournisseur , je suppose. Vous n'aviez rien , il y a quatre ans ; et aujourd'hui , votre ancien collègue , votre valet-de-chambre actuel , en dérobant mille louis dans votre secrétaire , vous prive au plus de la centième partie de votre fortune. Vous poursuivez le voleur, et vous jurez que c'est avec justice ; à l'application !

Encore un mot : votre mémoire peut favoriser ma prétention. Elle est double, votre mémoire; l'une de ses parties, est un abîme d'où rien ne sort ; l'autre une glace fidelle qui réfléchit sans cesse les objets qu'on lui présente. Ainsi vous avez oublié pour jamais votre naissance, votre ancien état, vos bienfaiteurs et vos dettes. Vous vous souvenez de l'argent qu'on vous doit, des moyens d'en décupler l'intérêt, de l'adresse des filles un peu fameuses, et sur-tout des calembourgs de *M. Danière* et de ses innombrables singes. Vous avez oublié la tant merveilleuse histoire du *Pot sans couvercle* ; et c'est ce qui fait que ma relation aura pour vous tout le charme de la nouveauté. Eh bien ! souvenez-vous de ma relation ; donnez-lui place dans la bonne partie de votre mémoire : elle s'y trouvera en compagnie convenable à son genre de mérite, si elle a le mérite de vous plaire. Laissez cependant tous les autres romans s'engloutir dans le gouffre de votre oubli. Par-là vous ne changerez rien au sort qui les attend. C'est ce qui leur est toujours arrivé : autrement ne vous seriez-vous pas apperçus qu'ils ne font que se répéter les uns les autres ?... — Par cette petite condescendance, vous voyez bien que vous assurez mon succès

I I.

Lieu de la scène.

PERSONNAGES.

« Quand on vous persécutera dans un lieu, „ fuyez dans un autre. „ Jésus-Christ adressant ces paroles à ses disciples, les avait prises probablement de quelque liturgie de l'amour. Les amans ont constamment suivi cette maxime aussi ancienne que l'amour, aussi ancien lui-même que le monde. Les chrétiens n'y ont pas toujours été fidèles ; ils ont eu dans certains tems presqu'autant de goût pour la persécution passive, que dans d'autres pour la persécution active. C'est ce précepte toutefois qui les conduisit successivement dans les catacombes, dans

les déserts , dans les caves , dans les cha-
pelles retirées. C'est à lui que nous devons
aussi le hasard des rencontres aux champs,
dans les bois , dans les granges , dans ces
arbres taillés en forme d'entonnoir ; et l'invention des petites maisons , des apparte-
mens en ville et des chambres garnies.

C'est dans un asyle de cette dernière espèce , c'est rue de *la Lune* , dans une vieille
maison , au troisième étage , que Sthénie
vient d'arriver avec Mamurra. Le but de ce
rendez-vous si ardemment desiré , si long-
tems refusé , si difficilement combiné , est
de se donner mutuellement des preuves d'un
amour qui par-tout ailleurs exposerait aux
plus grands dangers. Sthénie craint sa mère;
et, ce qui est pis encore, l'amant de sa mère.

Mais quels étaient ces deux amans ? Question embarrassante ! J'ai fait vœu , mes illustres
protecteurs, de prendre mes acteurs parmi
vous ; et toutefois, pour qu'on lise mon histoire, encore faut-il que les deux premiers
personnages soient un peu intéressans. Allons!
passez sur la vraisemblance ; prêtez-vous à

la conjoncture : laissez - moi dire du bien d'eux. Un peu de cette bonne confiance qui vous fait avaler avec toute la jouissance de la crédulité, ces complimens et ces couplets adulateurs que, pour les jours de fête ou de mariage, vous commandez, comme une dinde aux truffes ou un salpiquon, à des rimeurs qui se paient par leurs dents du plaisir qu'ils ont pris à se mocquer de vous.

C'était, vous dis-je, un premier rendez-vous. Sthénie avait vingt-cinq ans ; et, quoique jolie et spirituelle, elle en était à son premier amant. Mamurra aimait avec sincérité. Il estimait Sthénie ; et, quoiqu'il fût sûr de la posséder, il n'en avait rien dit à personne qu'à deux amis intimes.... Sûr ! et de quoi est-on sûr ici-bas ! je ne suis pas sûr de finir la ligne que je commence ; le plus opulent de vous n'est pas sûr de ne point se lever demain banqueroutier frauduleux. Il n'y a de sûr au monde que l'argent qu'on tient, la soupe qu'on a mangée, le mérite de ce livre, et le bon goût de ceux qui l'achetent.

I I I.

Un Pot sans couvercle et rien dedans.

Heureux l'écrivain qui d'avance a placé son lecteur dans un vieux château ruiné, dans une tour exposée de toutes parts aux injures de l'air, et néanmoins impénétrable au jour; dans quelque long corridor où depuis cent ans plusieurs portes sont murées, dans des souterrains creusés par la terreur, et consacrés par la vengeance ! L'esprit alors est, en termes de l'art, tout à fait prédisposé à l'effroi. Une souris qui trotte, semble un monstre terrible; le bourdonnement d'une mouche porte à nos oreilles le funèbre murmure des spectres et des fantômes. Heureuse *Anne Radcliffe !* Cent fois heureuse de t'être approprié ces sublimes moyens, en les rebattant, au point que la plume la plus disposée au plagiat, n'oserait les employer après toi ; si l'on ne savait que pour de si belles choses le public ne connaît point la

satiété. Puisse , pour prix de tes rians tra-
vaux , ton ame doucereuse errer éternellement dans ces asyles si chers à ton génie !
Puisse-t-elle éternellement y mêler ses délicieux hurlemens aux cris lamentables des
oiseaux de nuit , aux gémissemens des cap-
tifs , aux râlemens des mourans , aux siffle-
mens aigus des vents , au sombre bruisse-
ment des vagues , aux sourds roulemens du
tonnerre , aux éclatans craquemens de la
foudre , aux échos lugubres et prolongés des
cavernes retentissantes !....

Mais , qu'ai-je à envier à personne ? Une
petite chambre étroite , obscure , enfumée ,
où l'on arrive par un escalier à demi ren-
versé , n'offre-t-elle pas déja un *site roman-
tique* , assez convenable au genre actuel ? Et
que de souvenirs mélancoliques rappellent
ces chambres garnies , où l'on n'est séparé
de son voisin (et de quel voisin peut-être ?)
que par une cloison brisée , par un lambeau
de tapisserie ! Au-dessus de votre tête , un
grenier , séjour éternel de la nuit et de l'in-
digence , des souris , des rats , et même des

chats-huans.... et au-dessous ! savez-vous sur quels souterrains repose cette maison, qui déja plusieurs fois a vu se renouveller les générations de ses habitans ? Mais n'anticipons point sur les événemens.... Evoquez seulement par la pensée tous les êtres que cet asyle a recélés. Passez en revue les tableaux si variés, mais presque tous douloureux ou terribles, de leur existence écoulée....

Sur le mur, au-dessous de deux chiffres enlassés, vous lisez ces vers :

    ,, A ce couple bien uni
    ,, La faveur du Dieu de Gnide
    ,, Fit, dans un hôtel garni,
    ,, Trouver le palais d'Armide ,,.

Voilà deux heureux, j'en conviens ; mais pour deux heureux, combien d'infortunés ont veillé, ont gémi, ont souffert, ont péri, dans cette chambre de dix pieds sur huit ; depuis que le tems est en possession de délâbrer chaque jour, et son ameublement, et le plancher qui la couvre, et les murs qui l'environnent, et les poutres qui la soutiennent ?.... Entourez-vous de ces ombres plaintives, rappellées par votre imagination du sein de l'éternelle nuit ; et dans cette aimable compagnie, mon brave, restez de minuit à une heure, sans lumières, dans la petite chambre, attentif au moindre bruit!... Vous frémirez plus d'une fois ; ce ne sera pas que vous ayez peur ; mais.... vous conviendrez qu'avec de grands mots, et des images noires entassées sans jugement, et accueillies sans réflexion, il n'est pas difficile de produire quelque chose qui ressemble à l'effroi ; que ce n'est pas la première fois que vous y êtes pris, quoique ce soit la première que l'on vous en avertisse. Mais...

Mais, tandis que je bavarde, mes amans ont fait du chemin ; j'ai dû leur en laisser le tems, et vous occuper ailleurs, mes chers maîtres. Il eût fallu vous peindre une résistance que le cœur dément, et qui pourtant n'est point une feinte. Ce n'eût été pour vous qu'un assez sot tableau de fantaisie. Vous n'avez jamais rien éprouvé, vous n'é-prouverez jamais rien de semblable : vous

vous adressez trop bien. Mais nous sommes convenus de croire que Sthénie aimait véritablement, et que Mamurra respectait sa maîtresse, au moment même qu'elle lui accordait tout.

Sthénie est vaincue ; ses lèvres dévorées de baisers ne peuvent plus prononcer un refus : Mamurra touche au comble du bonheur.

Une vieille montait l'escalier, dont nos amans ne sont séparés que par un mur très-mince. Elle parlait entre ses dents ; et à chaque marche, gromelait au moins une phrase entière. Enfin, elle prononça à voix haute, ces paroles à jamais mémorables : *« un Pot » sans couvercle et rien dedans. »*

Le tonnerre ne gronda point ; les vents déchaînés avec furie ne brisèrent point le frêle chassis de la petite fenêtre, n'ébranlèrent point la porte sur ses gonds peu solides. Tout resta calme dans la nature. Le léger frémissement des traverses de la couchette fut même un instant suspendu : et rien n'empêcha Mamurra d'entendre distinctement , et de laisser se graver pour toujours dans son cerveau , ces funestes syllabes : « *un Pot sans couvercle et rien dedans.* »

I V.

C'est le diable !

Avez-vous connu la vieille madame de J.? non : vous êtes trop jeunes ou du moins trop nouveaux pour cela. Quelqu'un de vous peut l'avoir apperçue à dîner , par-dessus sa chaise.

Elle était non-seulement très-pieuse, mais encore d'une minutieuse attention pour les moindres pratiques de la dévotion. Cette attention extrême faisait le fond de son caractère , et l'on pouvait la remarquer dans les plus petites comme dans les plus grandes choses. Madame de J.... me contait (car elle avait pour moi quelques bontés; nous étions parens au vingt-deuxième degré); elle me contait qu'autrefois elle avait porté dans l'amour cette heureuse qualité. Elle ne pouvait

souffrir

souffrir que l'on eût des distractions ; et jamais elle n'en avait. ,, Notre ame est si bor-
,, née , disait-elle , que l'objet qui l'occupe
,, doit suffire toujours pour l'occuper en-
,, tièrement. ,,

Si j'étais femme , je voudrais pour amant
un homme dont cette bonne dame eut fait
l'éducation. Il est fâcheux pour Mamurra
de n'avoir pas eu cet avantage. Je ne sais s'il
était sujet aux distractions , ou si ce fut cette
fois un coup du sort. Mais l'idée de deviner
à quelle phrase appartenait le *Pot sans couvercle* , vint traverser des idées plus intéres-
santes. — Qu'as-tu , mon ami , dit Sthénie ,
à demi - voix.... Il n'avait , ma foi , rien , et
était un peu consterné de l'effet subit d'un
moment de distraction.

Ce que c'est que de nous ! Mamurra regrette d'avoir obtenu ce qu'il a si vivement
sollicité ; il regrette sur-tout d'être dans un
asyle aussi sûr. Par-tout ailleurs il userait de
l'expédient dont s'avisa un jour un homme
qui avait plus d'esprit que de toute autre
chose. —Sachons cet expédient merveilleux.

B

— Volontiers. Quelque brave qu'on soit, un accident est sitôt arrivé ! Turenne lui-même a perdu deux batailles. Il est toujours bon d'avoir des ressources au besoin.

Attaché depuis long-tems à la poursuite d'une inhumaine, le galant la bloque enfin dans une petite chambre, lieu très-propre pour un coup de main, mais où il ne faut pas s'oublier ; à côté est un sallon rempli d'une compagnie nombreuse. L'attaque est vive, la défense opiniâtre : il y a pourtant un terme à tout. Voyez sur l'autel la victime prête à être immolée, et déja demi - pâmée (d'effroi ou de plaisir ? *je n'en sais rien, Dieu le sait*, dit St.-Paul aux Corinthiens.) Mais la résistance avait été trop longue ou trop courte. L'amant s'apperçoit qu'il ne manque rien à son bonheur que ce qui manquait tout à l'heure à Mamurra. Il feint d'entendre du bruit : « Dieux ! l'on vient ! » s'écrie-t-il. Il s'élance, rajuste tout, et disparaît. La dame rentrée au sallon, il la querelle avec fureur de ce qu'en prolongeant sa défense, elle a rendu inutile un moment précieux. Elle le croit de bonne foi, et ne se fâche pas d'être si durement grondée....

Sthénie ne se fâcha point non plus. Elle savait qu'au premier pas,

« Trop d'amour peut nuire à l'amour même ».

Les manières les plus douces, les regards les plus indulgens, les mots les plus aimables, elle mit tout en usage pour rassurer son triste chevalier.

— Et elle en était au premier rendez-vous et à son premier amant? — Oui. — Avec autant de science ! — Oui. — Allez donc ? — Mais elle avait un mari. — Ce n'est pas avec un mari qu'on apprend ces finesses. — Mais elle avait causé souvent avec ses bonnes amies. — Ah !.... bon ! passons.

Soit pour gagner du tems, soit par l'effet d'un entraînement invincible, « Devinerais-» tu, dit l'amant, quelle idée folle, ridi-» cule, bizarre, absurde, est venue trou-» bler ma misérable imagination ? Cette de-» mi-phrase prononcée près de nous... ou » Voilà un beau trait d'esprit, » dit Sthénie ; et en même-tems ses caresses tendres et multipliées ont effacé du visage de Mamurra les sombres impressions de la honte et de la tristesse. Il est tout entier à l'idée de son bonheur ; il brûle d'en jouir....

Au moment même la vieille redescendait, toujours marmottant des sons inintelligibles ; et par une fatalité inconcevable, les seuls mots qu'elle prononce clairement, sont encore ceux-ci : ,, *Un Pot sans couvercle.... sans* ,, *couvercle.... et rien dedans!* ,, Ce récit est de la plus exacte vérité, je vous le jure.

Pauvre Mamurra ! il n'a que trop bien entendu. L'idée de son premier malheur, la crainte de le voir se renouveller, le troublent, le désorientent : et cèdant à la peur du mal, il a tout le mal de la peur....

,, Est-ce encore le même sujet de distraction? ,, dit Sthénie, avec un ris forcé, à son amant qui faisait semblant de rêver. Mamurra ne répond point. Ses yeux se remplissent de larmes de rage. La pitié touche sa maitresse. De nouvelles caresses rendent à l'amour la supériorité sur une distraction aussi sotte.

Encore une tentative. Mais le souvenir des deux premières et de leur issue , mais la pensée du *Pot sans couvercle*.... " Ah ! c'est ,, le Diable ! s'écrie Mamurra!...,, Il s'éloigne désolé ; il s'arrache les cheveux. — Qu'il y aurait de chauves , si chacun de vous s'arrachait seulement un cheveu en pareille rencontre !

,, Que je suis à plaindre , disait-il ! Quelle ,, exécrable bêtise vient obstinément me ,, tourmenter ! *Un Pot sans couvercle* , répé- ,, tait-il avec fureur : *Un Pot sans couvercle....* — ,, *et rien dedans* ! achevait Sthénie , entre ses dents , avec un dépit concentré.

Enfin , elle se lève , prie Mamurra de la dispenser de ses visites , jusqu'à ce qu'il ait oublié *le Pot sans couvercle* ; et s'échappe.... laissant le pauvre homme anéanti de honte et de douleur.

Je connais vos habitudes , mes bons acheteurs. Je sais que, pour vous ménager le plaisir de la surprise , avant de lire un roman , vous le feuilletez d'un bout à l'autre jusqu'à ce que vons ayez découvert le secret de la comédie. Je veux vous épargner cette peine, en vous déclarant nettement qu'il y avait quelque chose de surnaturel dans le désastre de Mamurra. Le diable, se trouvant de loisir, s'amusait à jouer aux deux moitiés de l'espèce humaine un tour assez piquant pour l'une et pour l'autre. On avait répandu que le diable, voulant vous avantager, comme ses enfans chéris, vous avait donné en avancement d'hoirie, celui de ses attributs qui convient le mieux à vos goûts et à votre capacité. L'esprit malin voulait au contraire, par cette espiéglerie, prouver qu'il ne s'était pas plus dépouillé de sa malice que d'un autre attribut dont vous ne laissez pas soupçonner que ce bon père se soit désaisi. Croyez tout cela sur ma parole, et sur-tout n'allez pas vous imaginer que je me moque de vous.

V.

Le diable encore!

Avouez-le : en commençant le récit des aventures de Sthénie et de Mamurra, plus d'un a dit : l'auteur prend le roman par la queue. Quand cela serait, je n'aurais fait que ce que font tous les jours vos dames ; mais, non, en finissant, vous avez reconnu votre erreur, et ce calembourg, aussi joli que neuf, n'était pas à sa place. Gardez-le pour une autre occasion, et sachez que si mon sujet m'entraîne quelquefois vers l'indécence, je me souviendrai toujours du respect dû au beau sexe, et, comme je l'ai déjà fait, je m'arrêterai tout juste sur la frontière.

Les deux amis de Mamurra s'empressent de lui demander des nouvelles de sa bonne fortune. Sa triste mine leur en dit assez ; ils le lutinent tant, que, pour mettre un terme à leurs grosses plaisanteries, et les empêcher de deviner bien au-delà du fait, il le leur conte de point en point. Nouveaux éclats de rire, et grande promesse du secret.

Chacun des confidens n'en parle dans le jour qu'à sa maitresse et à un ami ; chaque maitresse en régale le suppléant de son amant : et voilà le secret de Mamurra aussi bien gardé que celui du *pondeur* de *Lafon-taine*. On raisonne à perte de vue sur l'inep-tie de cette vision ; on est loin d'y soupçon-ner une niche du malin esprit.

La grande Almérine sur-tout en rit avec son petit amant. Vous savez que ce jeune homme, fait au tour, a juste les deux tiers de la taille de sa superbe maitresse. A force de parler et de rire, l'imagination se monte, le desir s'allume ; on était dans un boudoir solitaire, inabordable.

Dans ce moment, dont l'idée seule fait vaciller ma plume et porte le feu dans mes sens (car c'est vraiment une déesse qu'Al-mérine), la belle, avançant le plus qu'elle peut la tête, dit, suivant sa coutume, à son aimable nain : " Petit, quand vous au-" rez fini, vous viendrez m'embrasser, en-" tendez-vous ? " Cette fois le petit ne vint pas ; car......

Car l'accident dont on avait tant parlé trottait dans sa mémoire : le Pot sans cou-vercle et son fatal effet lui montent la tête, ou plutôt lui démontent........ Mamurra n'est plus seul malheureux ; mais aussi quel sujet de conversation Almérine avait - elle choisi ?

Pour comble de malheur, Almérine, naturellement rieuse, veut tourner la chose en plaisanterie ; elle raille le pauvre enfant, et lui demande s'il a pensé aussi au Pot sans couvercle : c'était mettre le doigt dans la plaie, c'était l'envenimer, la rendre incurable. Bientôt Almérine ne rit plus ; on boude, on se taquine ; chacun à son tour se refuse au raccommodement, l'une par un accès d'humeur, l'autre par une rechûte ; cependant comme Almérine a de l'expérience, on se sépare fâchés, et non brouillés.

V I.

Moralité de cet ouvrage ; inefficacité des juremens ; mais est-ce la faute du diable ?

Pourquoi la renommée a-t-elle des ailes ? pourquoi sa trompette est - elle si sonore, quand les nouvelles qu'elle fait retentir, semblables à des vapeurs pestilentielles, ne portent par-tout où elles se répandent que confusion et calamité? Quelques jours à peine se sont écoulés; et le Pot sans couvercle est le sujet d'une foule d'entretiens, de discussions, de railleries, de querelles, de médisances et de calomnies; et quiconque en a parlé est poursuivi de son souvenir, ensorcelant, et réduit à mourir de honte à l'instant où il devait mourir de plaisir.

Justice céleste! c'est ici que je te reconnais : quels sont ceux que désole le fléau? ceux qui se sont le plus moqués des autres; nous l'avons vu déjà pour Almérine.

Coxcomb s'étonne du malheur du petit nain, et ricanne; et rajeunissant une vieille plaisanterie, jure que, pour lui, il n'a jamais pu avoir un tort de cette espèce avec Almérine. — Pourquoi? Comment? — C'est qu'elle ne l'a jamais mis à même... Eh bien! Coxcomb ment dans les deux points de son discours. Le jour même de *ce qu'elle appelle un accident*, Almérine, qui se pique de constance et non de fidélité, a voulu se consoler avec Coxcomb, et plus que jamais est désolée....

Mob, l'un des plus dignes amans de nos merveilleuses, Mob jure qu'en rencontre pareille, il dirait tranquillement à son associée: « Madame, n'en auriez-vous pas » un autre? car celui-ci ne me fait rien du » tout ». — Ce mot insolent, que Mob a pêché dans quelqu'égoût ou recueil d'anecdotes gaillardes, il est, le soir même, dans le cas de l'employer : bien éloigné de ce sang froid, il fait des excuses plus sottes encore que sa position, et s'attire deux bons soufflets d'une beauté peu endurante.

Mais Sthénie et Mamurra ne s'étaient moqué de personne. — Il faut, suivant les vrais principes de la théologie chrétienne, croire que le ciel punissait en eux quelque crime non encore avenu; et la suite de cette relation prouvera qu'en effet ils étaient prédestinés au crime.

Ce fut sans doute un semblable motif qui causa le malheur d'Amine, bien qu'il soit impossible d'en donner la preuve ; vous allez voir d'ailleurs que ce fait peut comporter quelque discussion.

Amine a entendu parler du désastre public ; mais elle se gardera bien d'en dire un mot à son amant. Amine est une vraie philosophe ; elle laisse la recherche des causes à ceux qui ont la manie des systêmes ; elle s'attache à la connaissance des effets ; et ce n'est que pour régler sa conduite en conséquence. Elle a vu quels malheureux résultats suivent le souvenir du Pot sans couvercle ; peu lui importe que cette connexion soit l'effet d'un hasard singulièrement repété ou d'une cause constante ; il lui suffit de craindre, pour que rien de sa part ne réveille cette pensée dans l'ame de Zéanir : elle tremble qu'il ne l'ait reçue d'ailleurs ; mais son propre systême fait qu'elle ne cherchera point à s'en éclaircir autrement que par le fait.

Amine a eu plusieurs amants : et toujours son principe a été de se conformer à leurs goûts, quels qu'ils fussent. C'est ainsi que son dernier vainqueur lui disant souvent, comme d'*Arnaud* à sa *Manon* :

« Jure donc, jure ! ou je vais prendre un rat, »

Amine a, dans ce genre, acquis non pas une habitude, mais une facilité délicieuse.

Elle étudie depuis long-tems les goûts de Zéanir, et ne distingue encore rien de bien tranchant dans leur simplicité. Cela l'embarasse. Que fera-t-elle dans ces momens où un mot, un geste, une folie, bien placés, peuvent décider la victoire ?

Voici l'instant d'y recourir. Au milieu du combat Zéanir semble hésiter. Est-ce le fatal Pot qui dérange cet homme ordinairement si rangé ? Dans son incertitude, Amine s'abandonne à l'idée qui lui est la plus familière, parce qu'elle est la plus récente. « Mon ami, dit-elle à Zéanir, d'un ton pas- » sionné, mon ami, veux-tu que je jure ? » Zéanir, confondu, la regarde et tombe....

Mais est-il bien sûr qu'il y ait ici de la faute du diable ? C'est ce qu'il faut examiner. Le diable a déjà sur son compte assez de mauvais bruits sans celui-là. D'ailleurs, en défendant sa cause, je vais vous donner un échantillon de ma capacité. Vous verrez quels services je pourrais rendre, si jamais l'un de vous se brouillait avec la justice, et si le mot d'un fournisseur au maréchal de Villars (*on ne pend pas un homme qui peut disposer de cent mille écus*), se trouvait, comme toute règle générale, sujet à quelqu'exception, très - fâcheuse pour l'individu qui en serait l'objet.

V I I.

Plaidoyer pour le Diable. Expérience.
Incertitude.

MES RESPECTABLES ACHETEURS,

Je ne vous envoie point au diable, comme tant d'autres l'ont fait et le feront, et comme vous m'y enverrez peut-être. C'est, au contraire, le diable que j'amène, et pour qui je plaide à votre tribunal. Je ne me prévaux point de la faveur que mon client pourrait réclamer près de vous à bien des titres, dont le premier est d'avoir renoncé depuis long-temps à se loger dans vos bourses. Je divise en trois points sa défense, qui doit prouver qu'il n'a pas eu la moindre part à la mésaventure de Zéanir.

1°. Pour occasionner ce désastre, il suffisait de la proposition d'Amine. Jamais Zéanir n'avait entendu rien de pareil, bien différent de vous, qui certes chaque jour entendez de vos femmes et de vos maitresses mieux que des propositions. Cet original, j'aurais dû vous en avertir plutôt, est en tout votre antipode ; il a reçu ce qu'autrefois on appelait si sottement une *éducation brillante*. Je dis *si sottement*, puisqu'on n'a besoin de rien de semblable aujourd'hui pour briller dans le monde, comme vous faites. A présent, Zéanir est moins que rien : Amine ne l'a pris que parce qu'il est robuste et bel homme ; car d'ailleurs c'est un homme *qui n'a pas une existence*. . . . . pour former un peu ceux de ses semblables qui auraient

la maladresse de jetter les yeux sur mon livre ;
je veux bien leur apprendre que, dans la
langue de la bonne compagnie actuelle, un
homme *qui n'a pas une existence*, est un
homme qui n'a pas de voiture ; et qu'il joue
parmi les gens du grand ton le rôle qu'eût
joué jadis un faiseur de *pat-à-qu'est-ce* : c'est
la roue de la fortune.

Jugez donc si un Zéanir mérite d'avoir
pour maitresse une femme à la mode, et
s'il est surprenant que la délicate proposition
d'Amine ait produit sur ses sens un effet
tout contraire à celui que la belle en attendait.

2°. Le sort jeté par le diable devait
opérer sur tous les hommes, mais c'était sur
tous ceux de votre sorte. *Par contre*, il ne
pouvait rien sur ceux qui, comme Zéanir,
en diffèrent du tout au tout. Ainsi le livre
qui vous ennuie eût intéressé Voltaire ou
Buffon ; et l'affaire qui enrichit l'un de vous,
met sur la paille vingt ou trente misérables.
C'est ici la raison des contraires.

3°. Zéanir a soutenu que le souvenir du
Pot

Pot sans couvercle était la seule cause de son malheur. Nouvelle preuve de l'innocence de mon client. Vous direz que cela rapproche de vous Zéanir; car rien ne vous est plus ordinaire que de persuader le contraire de ce que vous affirmez. Point du tout: Zéanir ment sans doute; mais je vais vous dire ce que rien ne peut vous faire deviner: il ment par délicatesse, pour ménager Amine, pour ne lui pas faire sentir tout ce qu'il trouve de révoltant dans sa proposition. De la délicatesse, des ménagemens pour une femme! ah! vous voyez de reste que cet être diffère absolument de vous, et cela renforce d'une manière victorieuse mes argumens *ci-contre*.

Quoi qu'il en soit, Amine vaincue, mais non pas abattue, soupçonne la véritable cause de sa défaite. Pour y porter remède et parer en même tems à la diablerie qu'elle entrevoit dans l'effet du Pot sans couvercle, son esprit inventif lui suggère un expédient qu'on peut appeler *divin*. Ce n'est plus de juremens grossiers, de blasphêmes affreux,

C

c'est des accens religieux de la piété la plus fervente , qu'Amine accompagne les transports de l'amour. ,, Oh ! doux ange !

,, Bonne vierge ! s'écrie-t-elle , — Plaisir ,, ineffable ! — Joies célestes ! — Esprit d'a- — mour ! — Délices du paradis ! ,, — Amine a sans doute étudié ce matin la *dévotion aisée* du père *Lemoine*. A l'instant de l'extase, elle s'ecrie : *Giesu Maria* ! le penchant l'entraînait : elle allait achever le jurement italien ; et, comme le pape *Lambertini* , faire suivre ces mots *d'un mot qui* , dit Voltaire , *est à notre jurement favori comme l'instrument est à l'action*..... Amine , toujours maitresse d'elle-même , s'arrête à tems. Elle n'a prononcé que *Giésu Maria - C*..... Les syllabes *az* et *zo* expirent sur ses lèvres brûlantes.

Eh bien ! la belle a-t-elle rencontré le goût de Zéanir ? a-t-elle mis le diable en défaut ? Je ne puis vous le dire. Zéanir est discret comme un homme de l'autre monde , et Amine a gardé pour elle seule les résultats d'une expérience aussi intéressante. Ce n'est point par des discours que les dames de votre

classe veulent concourir à l'instruction pu-
blique.

V I I I.

Le roman fait un pas, et le traducteur un faux pas.

On dit, brillans hommes du jour, que
vous n'aimez pas à vous rencontrer long-
tems vis-à-vis d'anciennes connaissances, et
qu'à cet égard, vous avez vos raisons. Je ne
vous tiendrai donc qu'une minute dans la
compagnie de Sthénie et de Mamurra.

Le bruit des prodiges qu'opère le Pot sans
couvercle a diminué le ressentiment de l'une,
l'abattement et le désespoir de l'autre. Mamurra ose écrire. On lui répond que dès que
le charme universel aura pris fin, on lui
rendra tous les droits de l'amour. Jusques-là
qu'en ferait-il ? il ne pourrait s'en servir que
pour outrager son amie.

Bonne Sthénie ! Vous raisonnez dans des
principes presqu'aussi méthodiques qu'un ri-
chard, mon débiteur, pour mes péchés. Il
refuse de me rendre quinze louis dus depuis

trois ans, à moins que je ne lui prouve, pièces en mains, que je vais en faire sur-le-champ un placement utile et sûr. ,, Jusques-là , me ,, dit-il affectueusement, qu'en feriez-vous, ,, mon ami ? vous vous exposeriez à les dé- ,, penser follement , à les perdre au jeu , à ,, vous les laisser voler , à les confier à des ,, mains peu fidelles…. ,, J'enrage !

Mamurra , qui n'a pas sujet d'enrager , compose le plus beau remerciement qu'il ait fait de sa vie. ,, Au désespoir d'avoir perdu ,, Sthénie succède l'espoir de la recouvrer. ,, Sa vie , son cœur , son repentir , son ar- ,, deur…… ,,

Alte-là ! je te reconnais, beau masque , à ce galimathias , pillé dans quelque roman nouveau. Vous voyez-bien, mes honorables patrons, que Mamurra est des vôtres ; malgré mes soins , son génie a percé comme celui de la belle Évirallina , toutes les fois qu'à dîner , elle veut mêler du sien à la leçon que son amant lui a fait apprendre par cœur.

Eh bien! cela vous fâche ! Quelquefois, je le vois bien , il est impoli de présenter un miroir aux gens les plus amoureux de leur figure. Et vous sur - tout, qui criez si haut contre moi, charmante Glycéride, chaste Azora, quelle est votre injustice ? Si je suis trop bête en ce moment pour soutenir le rôle d'esprit que je voulais faire jouer à Mamurra, ce n'est pas ma faute. Je sors de dîner avec vous ; et il m'a fallu assassiner votre modestie des complimens les plus outrés : j'ai vu l'instant où vous m'alliez commander une romance. Allons! pour nous réconcilier, je vais faire ce qui peut vous plaire le plus, occuper le public de vous.

I X.

Fait qui peut inspirer des doutes concernant la diablerie.

Le mariage de Glycéride n'a point altéré son *amitié* pour Azora. M. Gurgès est trop raisonnable pour exiger qu'on lui sacrifie un *sentiment* beaucoup plus ancien que le début de son règne. Ces deux dames dernièrement étaient ensemble aux bains. Là, comme ailleurs, l'argent fait tout ; pour un écu, j'obtins d'être placé dans un réduit contigu au cabinet à deux baignoires où se tenaient les belles. On me croyait venu pour voir : mais en conscience, j'ai tant vu, que je n'étais là que pour entendre.

« Glycéride, tes deux chevaux sont aussi
„ vifs que jolis. „

« Tu sais comment je les ai eus. „

« C'est un présent de Gurgès. „

« A-peu-près. „

« Comment ! je croyais que c'était le ca-
„ deau de nôces. „

« Non. C'est plus récent..... Ne me jette
„ donc pas d'eau, Azora ! „

« Bon ! c'était pour te forcer à relever un
„ peu la tête ; tu t'enfonces tellement dans
„ la baignoire que je ne te vois pas. „

« Folle !.... „

« Il te fait donc encore des cadeaux ? „

« Comme avant la noce. „

« On disait par-tout...... „

« Oui, que c'était une meilleure affaire
„ pour lui que pour moi. „

,, C'est là-dessus qu'a couru certaine épi-
gramme :

«Est-il bien vrai ? Gurgès épouse sa Glicère ?
Quelle fidélité ! Que ce trait est touchant !
— Là ! là ! Ne pleurez pas ! Entendez mieux l'affaire :
Le bon Gurgès épouse son argent. . . ,,

« Le faiseur d'épigrammes ne sait ce qu'il
,, dit. Gurgès et moi , nous sommes en
,, fonds pour nous moquer de lui. ,,

« Et ces chevaux ? ,,

« Je les avais vus au bois de Boulogne....

« Ha!..... ,,

« Qu'as-tu , Azora?... ,,

« Que tu es jolie , ce matin!.... ,,

« Ne me regarde donc pas comme ça:
,, tes yeux me font mal. ,,

« Méchante! .... allons : reprends ton his-
,, toire. ,,

« Voir ce joli attelage et le convoiter fut
,, pour moi l'affaire d'un moment. Gurgès
,, me devine , il joint le propriétaire. Celui-
,, ci fait des difficultés : enfin , mille louis ,
,, voilà son dernier mot. ,,

« Quel juif ! .... ils sont bien jolis pour-
» tant ! »

« Gurgès revient l'oreille basse, et me
» donne beaucoup d'humeur. Je boude toute
» la soirée... »

« Friponne ! c'est que tu sais combien te
» sied l'air boudeur. J'ai envie de te lutiner
» pour te voir boudeuse. »

« Ah! si tu ne te tiens tranquille, ce sera
» tout de bon.... »

J'entendis un bruit qui ressemblait à celui
des baisers. Je n'affirme rien, parce que le
catéchisme défend les jugemens téméraires.
Mais je commençai à trouver le poste un
peu chaud.

« .... Il voulut opérer une réconciliation
» de nuit. Je ne me soucie pas du tout de
» lui, mais.... »

« Oui : l'habitude.... »

» Tu étais à la campagne, Azora !....

» Bonne !.... autrement j'aurais su l'his-
» toire sur-le-champ ».

» Sans doute : enfin j'eus de la complai-
» sance. Mais je n'eus que ça.

« Quoi ! »

« L'imbécille s'excusa sur l'histoire du Pot
» sans couvercle ».

« Belle impertinence ! »

« J'étais furieuse. On passe cela à un
» amant, parce qu'il est à vos ordres et qu'on
» le change quand on veut. Mais un mari
» qu'on ne quitte pas sans quelques ré-
» flexions , un mari qui a toujours le tems
» de se préparer.... »

« Le lui laisse-tu ? »

« Mauvaise ! je t'assure que oui..... Je
» querellai le matin sur tous les sujets ima-
» ginables , et particulièrement sur les che-
» vaux. Je fermai ma porte , et je jurai qu'on
» ne me verrait de vingt-quatre heures. »

« A merveilles. »

« Gurgès sort. On m'annonce un jeune
» homme. C'est le propriétaire des chevaux.
» — S'il eût su , dit-il , que la demande en
» était faite en mon nom, il se fût empressé
» de me les offrir.... »

« Pour rien ? »

« Pas tout-à-fait. Cinq cents louis et une
» complaisance.... ».

« Allons ! de bonne - foi, ce n'est pas
» cher ».

« Bien obligée du compliment ».

« Oh ! ne te fâche pas, ma petite ! je suis
» une sotte. Gronde-moi, et embrasse-moi ».

« Pas encore : je te mets en pénitence.
» — Nous convenons des faits, de l'heure.
» A minuit, il est entré chez moi. Il est fort
» bien, ce jeune homme, il a de tes traits,
» et même tes yeux ».

« Que tu es aimable » !

« Il me venge complètement de Gurgès :
» sa conversation, ses caresses et ses folies
» me tiennent éveillée la nuit entière. Il se
» lève de grand matin, prend les cinq cents
» louis, et part. A neuf heures les chevaux
» étaient dans mon écurie ».

« Rien de plus loyal ».

« Attends donc ! une demi-heure après,
» j'entends Gurgès crier dans mon anti-
» chambre : Quoi ! déjà ! c'est merveilleux !
» — Qu'avez-vous donc, monsieur ? — Eh

,, bien ! les chevaux ? tu ne gronderas plus.
,, Les chevaux ? — ils sont dans l'écurie —Je
,, les ai vus. — C'est une promptitude uni-
,, que ! je ne fais que de le quitter et de con-
,, clure.... — Et de suite, Gurgès me raconte
,, qu'il avait couru la veille inutilement ;
,, qu'un bon avis l'avait enfin adressé au pro-
,, priétaire des chevaux ; qu'il venait de le
,, voir , et lui avait payé l'attelage cinq cents
,, louis , payé comptant.... Juge de ma sur-
,, prise ! je n'ai pu toutefois m'empêcher de
,, rire.... ,,

« Tu es si douce !.... ,,

Ici nouvelle pause, plus longue que la première.

X.

Les doutes sont dissipés. Paroli au même. Eloge du roi Salomon.

« Mais , sais-tu, Glycéride, que cela pour-
,, rait faire naître des doutes sur l'influence
,, du Pot sans couvercle ,,?

« J'en ai eu ,,.

« Il fallait les éclaircir, pour le bien pu-
„ blic. „

« Ah! je n'en ai plus. „

« Pourquoi „ ?

« Tu sais qu'une femme n'ose pas entamer
„ un sujet comme celui-là, en se mettant au
„ lit. Mais le matin, j'en ai parlé à mon
„ jeune homme. Il a fait l'ignorant. „

« Il voulait rire. „

« Peut-être.... enfin, je lui ai appris l'his-
„ toire de point en point. Il était tout éton-
„ né.... Ho! je me fâcherai. Ta pénitence
„ n'est pas encore finie..... „

« Douce, petite! „

Silence de quelques secondes.

« Ecoute-donc ! Gurgès.... „

« Je m'intéresse à lui. C'est un bon
„ homme. „

« Tu veux me rendre jalouse ! „

« Ce ne serait qu'une revanche, car je le
„ suis de ton jeune homme.... Eh bien?
„ Gurgès....„

« A voulu sa revanche aussi. Mais s'il a
„ été plus heureux, c'est seulement en ce

,, que j'ai **eu** moins d'humeur , parce que
,, l'affaire des chevaux ne me tracassait plus. ,,

« Quoi ! toujours le Pot sans couvercle ?,,

« Oui , toujours le diable…. ,,

« Et mon rival ? ,,

« J'étais bien aise de le revoir ; je l'avais
,, trouvé aimable. ,,

« D'ailleurs , Gurgés ayant acheté les che-
,, vaux , ton paiement n'était plus qu'une
« plaisanterie dont il fallait voir la fin. ,,

« Sans doute : je lui ai écrit….

« Il est accouru, et le funeste Pot…. Du
,, moins tout n'aura pas été perdu…. «

« Tu devines fort mal : il m'a répondu
,, qu'il n'osait venir ; que depuis que je lui
,, avais raconté cette histoire infernale, il
,, en avait ressenti les cruels effets, et qu'il
,, mourrait de douleur si, après le bonheur
,, dont il avait joui , il outrageait mes char-
,, mes…. ,,

« Et il n'a rien renvoyé ?,,

« Rien. ,,

« Voilà un jeune homme bien impoli !
,, Mais peut-être ton billet n'était pas clair…

,, Non ! tu vas voir que les femmes n'ex-
,, cellent pas dans le style épistolaire... Finis !
,, finis donc, Azora !....

,, Oh ! tu m'as fait assez long-tems at-
,, tendre ; tu sais d'ailleurs que je suis plus
,, polie que ce jeune homme.... ,,

Vous voudriez bien, lecteurs, que je continuasse sur ce ton. Fidèle à mon serment de décence, je me contenterai de vous dire que j'éprouvai pendant un bon demi-quart d'heure des supplices auxquels je ne comptais point du tout m'exposer pour mon petit écu. Je souffris d'autant plus que, loin que mes oreilles fussent offensées par les hurlemens de bacchantes dévergondées, (comme je m'y attendais d'après les récits calomnieux de prétendus observateurs), je n'entendis que le doux et léger murmure de deux voluptueuses tourterelles....

Pour vous dédommager de ce que je ne vous dis pas ce que vous me demanderiez volontiers, je vais vous dire ce que vous ne me demandez pas ; c'est qu'Azora pouvait riposter à l'histoire de Glycéride par une histoire beaucoup plus ancienne, et peut-être plus piquante.

Azora vivait avec Zéphyrin : son mari, qui l'ignorait ou feignait de l'ignorer, avait coutume d'offrir tous les ans un magnifique cadeau à sa chaste moitié, le jour de sa fête. La veille du grand jour, une revendeuse vient proposer à ce bon époux un superbe ajustement ; elle en demande deux cents louis, le mari n'en veut donner que cent. La revendeuse, rebutée, descend chez Azora, qui, vu la circonstance, devine bien que ce présent lui est destiné ; il est si beau, qu'elle ne peut se décider à le laisser échapper. Elle rêve un moment ; un trait de lumière la décide : « Ne demandez que cent louis à mon » mari ; je vous donnerai le reste.... ou plu- » tôt allez tout de suite dans la maison à côté » (chez Zéphyrin), sur ce billet de moi, » l'on vous remettra la somme. »

Tout s'exécute de point en point : Zéphyrin trouve délicieuse cette manière de déguiser un présent sous la forme de prêt ; Azora, sans dire où elle a pris les cent louis, vante à ses amies (qui devinent le reste sans peine) , l'adresse avec laquelle elle s'est assuré cette jolie parure ; le mari se félicite du bon marché.... et le soir même porte l'ajustement chez sa maitresse. Jugez du dépit d'Azora , qui , ainsi que bien d'autres , est jalouse de son mari tout comme si elle lui était fidelle. Pour y mettre le comble , pas un cadeau du mari le lendemain , pas une fleur.... et l'histoire est devenue la nouvelle du jour.

Vous vous récriez que l'une des deux histoires est faite à plaisir pour parodier l'autre. Non , elles sont toutes deux également vraies. Et cela vous prouve que le roi Salomon n'avait pas tort d'assurer , trois mille ans environ avant votre naissance , *qu'il n'y a rien de nouveau sous le Soleil.*

Savez-vous bien , mes maîtres , que le roi Salomon n'était pas un sot. Quoiqu'il sût lire et écrire , et qu'il ait composé des livres , il possédait des richesses peu communes , et l'art , moins commun encore , d'en jouir. Le Saint-Esprit nous assure dans la Bible (et il

faut

faut le croire ou être damné) que Salomon avait sept cents femmes et trois cents concubines. Heureux si , en véritable sage , il ne possédait rien au-delà de ce qu'exigeaient ses besoins ; et si au milieu de tant de biens , il n'éprouva jamais rien de semblable à l'histoire du Pot sans couvercle.

X I.

Dissertation intéressante sur la composition des romans.

Le roi Salomon a réveillé en moi l'idée d'une sagesse parfaite. Parlons donc un peu d'Eglé , la doyenne des élégantes du jour. C'est un modèle de sagesse. Depuis qu'Eglé est grande dame , elle n'a pas eu un amant. " Que trouve-t-on , dit-elle? Des hommes
» honnêtes , aimables ; mais ruinés dès
» vingt ans , et hors d'état de satisfaire les
» femmes ; ou des athlétes grossiers dont
» l'esprit est aussi épais que la forme , et
» la conversation aussi peu amusante que

,, leur santé est peu sûre,,. Voilà ce que
dit Églé ; et voici ce qu'on dit d'elle : « Églé
,, craint les amans qui ont eu de l'éduca-
,, tion ; parce qu'il faut sans cesse se con-
,, traindre avec eux, pour ne pas lâcher
,, quelque balourdise qui démentirait le
,, desir qu'elle a de passer pour une *ci-devant*.
,, Quant aux autres, tout ce qu'elle trou-
,, verait en eux, elle le trouve avec plus
,, de certitude et de sûreté dans les sup-
,, pléans qu'elle met en œuvre ,,. — Églé,
qui se croit au moins une duchesse de
l'ancien régime, est *valétudinaire* dans la
force du mot. On sait que le cardinal de
Fleury prétendait que toutes les duchesses
de son tems avaient cette disposition physique. Depuis qu'Églé a des laquais, ...
-son mari a eu beau tempêter, jurer, battre,
faire maison nette ,.... il faut bien être servi
par quelqu'un.. ; il a fini par s'y faire. Quelquefois, poussé par une vieille habitude,
il hasarde des remontrances. « Parbleu !
,, madame, j'aimerais mieux que vous
,, eussiez vingt amans. — « Fi ! fi ! mon-

,, sieur , ne me parlez pas d'amans ; c'est
,, pour perdre une femme honnête. — " Eh
,, bien! abstenez-vous donc! — " Ah ! lui
,, répond froidement Églé, j'en suis fâchée,
,, monsieur , mais *je ne puis m'en empêcher* ,,.

En cherchant de l'esprit, avez-vous trouvé , mes aimables protecteurs , dans quelque magasin de vieux bons mots mis à neuf,
l'histoire de ce plaideur , dont le roi , par
bonté , voulut finir tous les procès ? Il demanda en grace qu'on lui laissât un peu de
quoi plaider. " Car , disait-il , *je ne puis*
,, *m'en empêcher* ,,.

Un déserteur qui avait rendu au roi de
Dannemark un service signalé , refusa une
somme considérable , et demanda pour unique récompense la patente de *voleur privi-*
légié suivant la cour. Il l'obtint et l'exerça
avec un succès qui vous eût fait envie.
" Je ne veux pas être pendu , disait-il , et
,, il faut pourtant que je vole , car *je ne*
,, *puis m'en empêcher.*

Vous saviez sûrement l'histoire de ce déserteur : je crois même que vous descendez

de lui ; ou bien que vous avez en poche un peu de ses cendres , peut-être même un bout de sa corde. Vous êtes si heureux à tous les jeux ! Ce qu'il y a de sûr, c'est qu'on vous voit , riches des produits d'une fourniture , solliciter une nouvelle entreprise qui doublera vos richesses ; et vous dites , pour pallier votre avidité insatiable : « il faut absolument que je fasse des affaires; ,, je ne vivrais point sans cela ; *je ne puis* ,, *m'en empêcher* ,,.

Cette excuse est valable pour tant de braves gens , qu'elle doit l'être aussi pour moi. Si donc je raisonne quelquefois avec vous , malgré l'inconvenance du procédé , pardonnez-le moi ; car je dirai à mon tour : « *je ne puis m'en empêcher* ,,.

Faut-il écrire un roman en forme de lettres , ou le distribuer en chapitres. Cette question est celle que je me propose de discuter devant vous. J'aurais dû peut-être la débattre en commençant. Mais qu'importe ? On sait bien que l'*à-propos* n'est pas notre fort, mes honorables protecteurs.

Si j'avais autrefois traité ce sujet, j'aurais dit : le roman en lettres a l'avantage de peindre les détails moraux avec une vérité précieuse. Le roman en chapitres présente l'ensemble de l'action avec une clarté qui satisfait l'esprit, aide la mémoire et soutient continuellement l'intérêt. En lisant un roman en lettres, vous vivez au milieu des personnes qui écrivent, vous étudiez leurs mœurs ; vous appréciez leurs caractères. En lisant un roman en chapitres, vous éprouvez une illusion d'autant plus complette, qu'une narration ininterrompue vous rend présent à tous les événemens. Dans le premier roman, vous jugez mieux les hommes ; dans l'autre, vous jugez mieux les faits. Vous partagez dans l'un toutes les affections particulières, dans l'autre tous les sentimens généraux. L'un vous place sur le théâtre, l'autre au parterre... — J'aurais conclu (mais en admettant d'avance bien des exceptions), qu'il faut écrire en lettres le roman où domine l'intérêt des caractères, et diviser en chapitres celui où domine l'intérêt des événemens. Le roman sentimental sera mieux en lettres ; le roman gai , mieux en chapitres. *Le Huron* , mis en lettres , serait défiguré. *La nouvelle Héloïse* , distribuée par chapitres , perdrait beaucoup de son intérêt.

Voilà ce que j'aurais dit. Mais pour vous , mes chers Crésus , j'ai de meilleures raisons à vous donner. Il faut qu'un roman soit en chapitres , parce que cette division a un petit air scientifique qui vous rend contens de vous-mêmes à la fin de votre lecture ; parce que le titre vous dispense souvent de lire le chapitre ; parce que cette forme toute unie vous épargne la peine de saisir certains petits détails trop fins , trop délicats , qui font le mérite des lettres de roman.....

Il faut qu'un roman soit en lettres , parce que , d'après la manière dont se font les romans nouveaux , le début et la fin de chaque lettre vous offrent de l'esprit tout trouvé , prêt à entrer dans votre correspondance ; parce que ces lettres vous présentent également-ment des modèles de déclarations , d'aveux reciproques, de brouilleries, d'explications, de raccommodemens tout-à-fait à la portée des êtres à qui vous pouvez les adresser ; parce qu'ainsi vous n'avez qu'à substituer vos noms à ceux des héros avec qui vos vertus, votre esprit et vos sentimens vous donnent une prodigieuse ressemblance.....

X I I.

Excellence de ce livre. Avantage des réponses amphibologiques.

Vous n'êtes pas contens, je le vois, mes protecteurs. Accoutumés à emprunter vos avis comme autrefois vos dîners, vous auriez voulu que je décidasse quelque chose. Et cela vous empêche de sentir l'excellence de ce livre qui, par sa perfection, a résolu de fait la question proposée.

D'abord, il est en chapitres ; les divisions numérotées et les titres ne laissent pas de doutes sur ce point

Ensuite, il est en lettres. Qui les écrit ?

moi. A qui s'adressent-elles ?... Petits ingrats ! votre cœur ne vous dit rien ? c'est peut-être par la même raison qui fait qu'on ne prend pas les rois d'Espagne à la guerre. Mais vos yeux sont-ils absolument fermés ? Ne voyez-vous pas que c'est à vous que mes lettres s'adressent ; que c'est vous seuls à qui je pense, vous que je ne cesse d'entretenir ? En faut-il d'autres preuves que les inepties que j'entasse ?

A propos de mon adresse à résoudre une question dans les deux sens, écoutez une aventure de la même espèce, qui vous édifiera, j'en suis sûr.

— Et le Pot sans couvercle ? — Nous y reviendrons. — Le Pot sans couvercle ! Le Pot sans couvercle ! — Puisse son souvenir punir votre impatience ! — Mais c'est qu'on n'a jamais fait de digressions si longues. — Oui ! vous êtes pressés que je reprenne le fil de mon histoire et que je vous divertisse aux dépens de quelqu'infortuné. Pour moi :

L'Aspect des malheureux ne me fait pas plaisir.

quand je serais femme , une pareille calamité ne m'inspirerait pas plus de pitié. Ah !
bonnes gens ! rougissez de vos goûts cruels !
D'ailleurs , tout chemin conduit à Rome et
à la fortune : vous savez cela , vous autres ,
mieux que personne , et je me retrouverai
tout-à-coup au milieu de mon sujet ; plutôt
peut-être que ne le voudrait tel qui rit aux
dépens des autres , parce qu'il croit que son
avanture est demeurée bien secrette.

Dans une compagnie qui n'était com-
posée que de femmes , et où se trouvaient
toutefois des goûts de sexes différens , on
discutait la question de savoir quels baisers
sont les plus voluptueux ; on s'échauffait ,
et les deux partis se prononçaient avec
force. La belle Émilie n'avait rien dit ; on
la prend pour juge. « Je suis , dit-elle ,
„ pour les baisers qui ont un manche „ ,
et elle s'éclipse. Des deux côtés on chante
victoire.

« Voyez , disaient les Lesbiennes , cette
„ porcelaine qui représente le baiser de
„ deux tourterelles. Rien de plus clair „...

Et en même tems Azora faisait avec Glycéride une démonstration sensible.

Les adoratrices de la bonne nature avaient quelque peine à exprimer ce que pourtant elles concevaient à merveille. Enfin, l'une d'elles fit ce conte qui interprétait en sa faveur le mot d'Émilie. « Un vieux » seigneur Florentin avait apporté à Paris » les goûts de son pays. Quoique la po- » lice ne fût pas alors bien austère, son » pourvoyeur se donna tant de mouve- » mens qu'il craignit d'être inquiété. — Vos » fantaisies, dit-il à l'Italien, nous com- » promettent diablement ; la moindre es- » clandre vous expose au déshonneur, et » moi à quelque chose de pis. Que ne » prenez-vous des filles ? Morbleu ! vous » en trouverez tant de bonne volonté, qui » auront pour vous toutes les complaisan- » ces... — Ah ! fi donc, mon ami, fi donc ! » c'est comme si tu me servais à table un » gigot *sans manche* ».

Chacune s'attribuant ainsi gain de cause, on se sépara pour aller voir une tragédie nouvelle où jouait Athénaïs , l'une de celles qui dans la société venait de soutenir le bon parti.

X I I I.

La tragédie. Les goûts changent.

La salle était garnie , parce qu'il est du bon ton d'avoir assisté à une première représentation ; d'ailleurs on écoutait avec une attention médiocre. L'auteur était un de ces nigauds , par bonheur très-rares , qui s'imaginent que des scènes bien coupées et marchant rapidement , des caractères nobles , dessinés avec force et justesse , des sentimens purs , soutenus et touchans , des situations vraisemblables et attendrissantes , un dialogue vrai , une poésie constamment élégante et correcte , et souvent sublime , une action vraiment théâtrale , un intérêt toujours croissant , composent la perfection de l'art dramatique. Il n'avait employé ni tonnerres , ni enfers , ni pluies de feu , ni voleurs , ni cavernes , ni coups de pistolets ;

en un mot aucun de ces grands moyens d'*effet* qui , grace à l'immuabilité de vos goûts , mes bons acheteurs , sont en possession de réussir constamment sur les théâtres modernes.

L'acteur prononçant cet hémistiche : *des potentats altiers* , vient malheureusement à hésiter. (Nos acteurs , on le sait , comptent aujourd'hui au nombre de leurs droits celui de ne jamais savoir leurs rôles un jour de première représentation.) « Dis donc *des pots-en-tas !* » crie à demi-voix un *incroyable*, placé à côté de sa maîtresse , dans une loge sur le théâtre. Ce délicieux calembourg est entendu de la loge voisine. Il circule incontinent ; il fait le tour des premières , descend par l'amphithéâtre jusqu'au parterre et à l'orchestre , pénètre les petites loges , traverse les foyers , remonte aux secondes , aux troisièmes , au paradis. On n'écoutait guères ; on n'écouta plus du tout.

Et toutefois , en sortant , les spectateurs jugèrent la pièce en dernier ressort ; presque tous aussi bien , quelques-uns mieux que s'ils l'avaient écoutée attentivement d'un bout à l'autre.

Athénaïs avait remarqué la distraction du public ; elle en voulut savoir la cause ; on la lui conta. Elle rit, comme une folle, du calembourg. Elle jura que celui qui l'avait fait pensait sûrement alors au Pot sans couvercle, et qu'on devait plaindre la dame qui se trouvait près de lui.

L'amant d'Athénaïs était dans sa loge ; un jeune homme charmant, rempli d'innocence, de candeur, d'ingénuité, et de qui Athénaïs, avec un soin maternel, écartait les dangers et les séductions du grand monde. Cette plaisanterie le frappe et pique sa curiosité. Il en demande l'explication. Athénaïs refuse ; mais tandis qu'elle est occupée ailleurs, il fait sa question à un vieux reitre qu'il avait habitude de trouver dans la loge. Celui-ci, amoureux d'Athénaïs, et jaloux d'un rival préféré, a la barbarie d'apprendre à cet enfant ce qu'il ignorait ; et la nuit même. . . . .

Athénaïs est fière. Envain mille autres

ont éprouvé le même affront : elle ne s'y exposera plus. Elle renonce pour la vie aux hommes ; et passe dans le parti des Lesbiennes que la veille encore elle avait combattues si vivement ; dans ce parti où depuis long-tems mille cœurs soupiraient de ne la point trouver.

X I V.

Travestissement inutile. Le diable plus que jamais.

De tous les hommes qu'étonna le changement d'Athénaïs , celui qui s'en affligea le moins , parce qu'il conçut tout de suite l'espoir d'en profiter , fut Carlos , espiègle de seize à dix-sept ans, joli comme un ange, et consommé de bonne heure dans la science profonde des boudoirs et des coulisses.

C'est Carlos seul qui peut revendiquer avec justice une plaisanterie que bien d'autres se sont appropriée. Un amant transi se déplorait des rigueurs d'Athénaïs. « Quoi,

,, mon ami , vous n'avez pas réussi , dit
,, Carlos ? En vérité , *il n'aurait tenu qu'à*
,, *moi* ,,. — Heureux mortel ! s'écrie l'autre.
Et de suite il s'informe des moyens de succès , des raisons qui ont empêché Carlos de
jouïr du plus grand des biens... Carlos le
tient toujours en suspens ; pendant huit
jours de suite il lui fait parcourir toutes les
alternatives de l'envie , de l'étonnement , de
l'espérance , répétant toujours *« il n'aurait*
tenu qu'à moi.... Enfin il achève sa phrase
ambiguë : *« il n'aurait tenu qu'à moi , si elle*
,, *avait voulu* ,,.

Cependant à force de plaisanter sur la
passion malheureuse de son ami , Carlos ,
lui-même était devenu éperduement amoureux de l'objet de cette passion. Mais Athénaïs avait à peine jeté les yeux sur lui. Au-
dessous de vingt ans , elle ne voulait prendre
que des enfans qu'elle pût façonner à son
gré , et Carlos était déjà trop formé pour
cela.

Inspiré à-la-fois par l'amour et par la
vengeance , et guidé par une vieille tante ,

autrefois duègne experte, aujourd'hui ci-
devant comtesse, Carlos prend les habits du
sexe qu'Athénaïs doit préférer désormais,
et s'embellit sous la simple parure d'une
vierge modeste. Ce n'est plus Carlos : c'est
Icasie qui se présente dans une société dont
Athénaïs fait les délices, mais où personne
ne ressemble à Icasie.

Quelque dépravés que soient nos goûts,
il suffit souvent d'une légère illusion pour
rendre à la nature ses droits méconnus.
Toutes les Lesbiennes se disputent à l'envi
la conquête de cette nouvelle arrivée. Athénaïs surtout ne peut voir Icasie que d'un
œil enflammé. Jusqu'ici, déesse ennuyée du
culte qu'on lui rend, elle n'a eu que des
complaisances et de la répugnance : elle
n'a trouvé que des sensations imparfaites et
des desirs insensés là où elle cherchait le
délire de la passion et les transports de la
volupté. Que son penchant pour Icasie diffère de tout ce qu'elle a éprouvé ! Il l'agite,
il la trouble, il la surmonte, il la dévore.
C'est une folie, c'est une fureur. Elle ressent

à

à la fois la crainte, la jalousie, la honte, l'emportement. Elle s'étonne de pouvoir aimer avec cet excès une femme. . . . Et ses avances, immodérées comme sa passion, lui semblent encore trop peu claires.

Cependant Icasie a bien étudié son rôle. Elle feint long-tems de ne rien comprendre : puis elle se fâche ; puis elle s'attendrit ; puis elle passe toute la soirée auprès d'une autre femme ; puis de ce que la pauvre Athénaïs a laissé appercevoir un peu d'humeur, elle prend droit d'en témoigner beaucoup. En un mot, elle tourmente en tous sens cette amante effrénée. Athénaïs passe des heures entières aux genoux de l'être qu'elle n'a pas, une minute, voulut souffrir aux siens. Carlos est souvent tourmenté autant qu'elle ; prêt à reprendre son personnage véritable, il se contient. Brusquer le dénoûment, c'est en compromettre le succès.

Enfin, sous prétexte de prendre plus à l'aise des leçons de déclamation, Icasie se laisse conduire à la campagne d'Athénaïs. En route, dévorée de caresses auxquelles

E

elle commence à répondre, elle a permis qu'à une heure de nuit on vînt dans sa chambre, mais sans lumière.... La pauvre fille est si honteuse ! En arrivant elle révoque cette permission arrachée par l'importunité, mais c'est d'une voix faible ; mais elle n'a point ôté la clef de sa chambre ; mais elle n'a pas pris de lampe de nuit... Il est une heure. Athénaïs, au guet, n'entend rien. Elle dort, sans doute, cette aimable enfant !

Athénaïs entre. La clef ne fait point de bruit dans la serrure fraîchement huilée. La porte s'ouvre et se referme sans gémir sur ses gonds bien polis. La belle avance sur la pointe du pied : ses bras étendus dans l'obscurité, cherchent, rencontrent entr'ouvent les rideaux du lit. Du plus doux baiser elle éveille sa jeune élève. Ce baiser, qui lui est rendu, lui apprend qu'elle était attendue, qu'elle ne désire pas seule. Se précipiter dans le lit, serrer dans ses bras l'objet de tant d'amour, quel triomphe pour Athénaïs !

A l'instant où elle va s'appercevoir d'une

métamorphose singulière , à laquelle peut-
être elle ne croira point perdre. " J'aime !
„ s'écrie-t-elle avec transport , j'aime , et
„ je n'ai point à craindre ici l'affront du
„ *Pot sans couvercle*! „ — Oh ! ma foi , si. „

Vous avez vu quelquefois à la bourse ,
un *effet* élevé à une hausse exagérée par
quelqu'agioteur habile , dégringoler subitement , baisser , baisser , baisser , se fondre
et s'anéantir dans les mains de l'acheteur
consterné. Ainsi la brûlante Athénaïs , en
un moment , connaît le sexe de son parte-
naire , ses bonnes dispositions , ses desirs ,
son désastre et ses regrets. Elle apprend
qu'il ne faut jamais jurer de rien; et sur-tout
ne point parler de corde dans la maison
d'un pendu. . . . .
. . . .
. . . .
. . . .
. . . .

X V.

Rôle que joue le traducteur dans l'histoire du Pot sans couvercle (1).

. . . .
. . . .
. . . .
. . . .
. . . .
. . . .
. . . .
. . . .
. . . .
. . . .
. . . .
. . . .
. . . .

(1) *Note de l'imprimeur.* — [Un cahier s'est perdu, contenant ce chapitre, la fin de celui qui précède, et le commencement de celui qui suit. S'il se retrouve, on l'insérera dans quelqu'une des éditions subséquentes. C'est d'après la table qu'on a rétabli les titres.]

X V I.

Raisonnemens sur la puissance de l'imagination.

ACÉPHALUS (1).

. . . .

. . . .

. . . .

. . . .

. . . .

. . . .

. . . .

. . . .

. . . .

. . . .

. . . .

(1) *Note de l'imprimeur.* — [*Acéphalus*, en termes de pédant, signifie *dont manque le commencement*. Mais propre-
ment ce mot veut dire *sans tête*. O ! que d'*Acéphales* parmi
les gens qui répètent tous les jours : « J'ai du bon sens ;
» j'ai une bonne tête ». S. Augustin a dit, je ne sais où,
qu'il existait un peuple d'*Acéphales*. Les esprits forts s'en
sont moqués, et ils ont eu grand tort. Rien de si commun
que de rencontrer des *Acéphales*.]

,, ...

,, ...

,, ... pur athéïsme, opinion qui
,, détruit toute morale, et qui mérite le feu.
,, En effet, Dieu permettrait que d'un Pot
,, sans couvercle, pire que la boîte de Pan-
,, dore, tant de maux sortissent, sans même
,, que l'espérance restât au fond ! Il ne se-
,, rait ni bon ni juste ; il n'existerait pas ,,.
Ainsi raisonnait Brocococantius, philosophe juré, écouté et invité à dîner comme tel,
par plus de vingt d'entre vous, mes très-
honorés protecteurs ! juge intrépide, critique insolent, *décisionnaire* universel, ne
doutant jamais de rien, . . . et ne se doutant de rien, suivant certaines gens qui
voudraient le faire passer pour un pédant.
Il faut avouer qu'il y a bien à cela quelqu'apparence. Je ne sais par quelle fatalité,
dès que vous vous engouez de quelqu'un
sous le rapport de la science ou de l'esprit,
il y a tout à parier que votre grand homme
est un sot. . . . Que cela ne vous chagrine
pas !

On peut être honnête homme et faire mal les vers,

disait Molière; et je vous dis : on peut juger tout de travers du mérite des hommes et n'en faire pas moins une fortune brillante. Il suffit pour cela de savoir lire, écrire, compter et prendre.

Brocococantius soutenait donc que tous les effets du Pot sans couvercle n'étaient le fruit que d'une imagination exaltée. « Le ,, premier qui entendit ces mots eut une ,, distraction. Les entendant une seconde ,, fois, la crainte d'une nouvelle distraction ,, en produisit les effets. Depuis ce moment, ,, tous les esprits ont été frappés. Mais il ,, n'y a que les petits esprits qui se frap- ,, pent. L'homme sage est au-dessus de sem- ,, blables illusions ; et tous les Pots sans ,, couvercle du monde, ne lui raviraient ,, pas l'empire qu'il possède sur ses sens... ,,

Brocococantius promettait beaucoup. Dans son auditoire se trouvaient plusieurs infortunés qui ne l'entendaient point sans impatience. Quand on a été malheureux dans ce genre-là, il est dur de convenir que le malheur ne tient pas à une cause générale.

L'esprit est prompt, mais la chair est faible. L'époque dont j'écris l'histoire avait été véritablement prédite dans ce verset de saint Mathieu, votre patron, mes estimables maîtres !

X V I I.

Le diable ! le diable ! le diable ! le diable !... etc !... etc !... Qu'en dites-vous, docteur ?

Mais le maître de la maison, mais la maitresse du maître, mais toutes les femmes qui étaient à souper, écoutaient Brococancantius comme un oracle. Il ne s'agissait suivant lui, que de faire un léger effort sur son imagination, tout au plus de lui laisser quelques instans pour se rassurer. Les hommes juraient tout bas de bien travailler cette partie ; et les femmes, qu'on accuse de s'impatienter facilement quand elles se trouvent à pareille fête, se promettaient intérieurement d'avoir cette nuit même une patience angélique.

Une savante, de qui, depuis trois mortels jours Brococantius sollicitait les faveurs, Arténice était à table. Elle est conjurée tout bas par la dame du lieu de mettre un terme aux souffrances de son illustre amant : mais on exige d'elle le plus exact récit des prodiges qu'il doit opérer. Les deux génies se lèvent de table les premiers. Chacun les voit partir d'un œil d'envie, et se presse de les imiter. La crainte et l'espoir partageaient tous les cœurs : on sait que ces deux passions-là ne s'accommodent pas d'une longue attente. Aussi, à dix heures, tout le monde était couché dans le château.

Vénérable château, tours antiques, roides escaliers, corridors étroits, vastes chambres, sombres réduits ! qu'il me soit permis de révéler les mystères de cette nuit si longue, où pourtant on dormit si peu. Le château renfermait vingt-quatre couples unis par le cœur et deux enchaînés par le sacrement. Eh bien ! amour ! hymen ! maître ! valets ! dames et soubrettes ! vous trouvez tous le diable aussi méchant. Le lit de plume et le lit de sangle, la riche alcove et l'humble soupente sont également frappés d'une malédiction pire que toutes les plaies d'Egypte.

C'est toi sur-tout, toi, mon cher Brococantius, qu'il convient de peindre en ces momens terribles. Mais comment donner à ta mésaventure un air de nouveauté ? Je croirais volontiers qu'elle n'a rien de neuf pour toi : et qu'aura-t-elle de neuf pour le public, après toutes celles que j'ai racontées ?

Délices de la bonne société, digne espoir des catins, jeunes merveilleux, destinés à dissiper, en faisant des sottises, les trésors qu'ont amassés vos pères en faisant mieux ou pis que des sottises ! Dites, si de toutes les maitresses que vous avez eues, les plus exigeantes ne sont pas celles qui se piquent de bel esprit, de science, de philosophie ? Leur ame, si l'on en croit ces dames, est absolument dégagée des plaisirs charnels. C'est pour cela même que leurs sens y tiennent si fort. Brococantius était bien adressé !

Arténice avait voulu d'abord feindre de la pudeur, résister;.. elle s'apperçut bientôt que la rigueur serait déplacée. L'empressement du docteur était si modeste, si modeste!.. Enfin pourtant... non! c'est un fanfaron qui descend sur le pré, pour recevoir un peu plus honteusement les coups de bâton qu'on lui proposait au coin de la rue.

« En vérité! c'est singulier! je n'aurais » jamais cru..... jamais cela ne m'était » arrivé.... »

» — Grand merci de la préférence! »

« — Un peu plus de générosité! au nom » de l'amour et des muses!... »

Arténice qui sait tout (*et le reste avec*, comme disait de son mari la femme d'un fournisseur ci-devant *gâcheux* au collége Mazarin), Arténice connaissait le proverbe, *faire de nécessité vertu* : et dans cet instant, l'indulgence lui parut une vertu nécessaire,.... trèsnécessaire, sans doute, mais non pas efficace.

« Docteur! il eût fallu moins vous mo-» quer du *Pot sans couvercle*. Le diable se

» venge, mon cher philosophe! le diable
» se venge.... »

« — Quoi! ma belle amie, pouvez-vous
» croire à ces niaiseries?

» — Aimez-vous mieux me laisser croire
» qu'il y a déja deux fois de votre faute ».

La foi, sans les œuvres, est une foi morte,
dit l'évangile. Arténice pensait sans doute
que cet arrêt s'applique à toutes les vertus,
comme à la *foi* : car dans ce moment sa *charité* était très-active, et l'*espérance* reparais-
sait. Qu'on dise après cela que la religion
n'est bonne à rien!

Tels ces fruits, qu'une légende fabuleuse
fait croître sur les bords du lac de Sodôme ;
séduisent l'œil par leur superbe apparence,
mais aussitôt que la dent les touche, trompent l'avide appétit, et tombent en pous-
sière ; tel le résultat des vertus théologales
d'Arténice s'évanouit pour la troisième fois.

Brocococantius voit la tempête prête à
fondre sur lui. Pour la conjurer, il s'écrie
que le charme est rompu ; que son influence
délétère n'agit plus au-delà de trois fois : que

dans aucune occasion , l'on n'a eu assez de constance , pour essayer une quatrième tentative. . . .

Le desir rend crédule. . . . Mais , hélas! Arténice , comme la crédulité nous abuse ! comme il est sage de ne rien croire sans preuves !

Si vous voulez , mes chers lecteurs , savoir ce qu'on se dit dans le château , le reste de la nuit et le lendemain matin , allez à la halle au moment que quelques tables, quelques paniers auront été renversés par maladresse ou par malice; ou mieux encore , faites tenir registre des gentillessses qui vous échappent à la fin de ces orgies , que vous appellez *petits-soupers*, lorsqu'un excès de sobriété a changé en querelles les joyeux propos des convives des deux sexes.

X V I I I.

Preuves de la diablerie.

Quand un fléau public se déclare, les esprits forts commencent par en nier l'existence, par la tourner en ridicule. Bientôt ils sont moins gais : s'ils plaisantent encore, c'est pure fanfaronnade. Ils tremblent enfin, et tremblent pour eux-mêmes ; ils tremblent tout de bon et bien plus fort que les autres. Ils sont les premiers à chercher un remède à la calamité générale

Ainsi, le malheur, bientôt ébruité, de Brocococantius désilla les yeux des plus incrédules. Ceux qui avaient fait le plus de railleries, furent les plus effrayés. Chacun veut combattre cette désastreuse épidémie. L'on va, l'on vient, l'on chuchotte, l'on déclame, l'on consulte, l'on imagine, l'on rassure, l'on désespère. . . . Mamurra, dont la réputation ne court plus de risques, Mamurra réunit ses compagnons de malheur. On s'assemble en tumulte, et à chaque instant la troupe se grossit de nouveaux venus. Tous gémissent sur le même ton, tous sont d'accord sur ce qu'ils veulent, tous raisonnent pertinemment; trois choses grandement remarquables, à mon avis.

Un saint homme se fait le guide de l'assemblée. Il a jadis jeté le froc aux orties, et troqué ses lettres de prêtrise, contre un traité de fourniture de souliers (à semelles de carton). Il déplore aujourd'hui, dans les sallons dorés, la chûte de la religion *de nos pères.* Il ne se marie point, pour observer le vœu de chasteté avec une dévote qui le paie, et deux soubrettes qu'il paie. En un mot, c'est un homme *respectable* dans la bonne compagnie.

Voici l'espèce de catéchisme qu'il crut devoir rédiger sur-le-champ : et l'on fut aussi ridicule de ne le pas savoir par cœur et de n'y pas croire, qu'on le serait, si, au milieu d'un thé, chez Harigna, on nommait le jour de la décade, au lieu du jour de la semaine.

Demande. Qu'est-ce qu'un *Pot sans couvercle ?*

Réponse. C'est un instrument des malices du diable.

D. Mais, par l'effet de cette malice, le diable ne perd-il pas tous les hommes que damnerait le péché de luxure ?

R. Non : l'intention les damne mieux que le fait.

D. Pourquoi cela ?

R. Parce qu'elle se répète beaucoup plus souvent.

D. Cette malice n'a-t-elle pas d'autres suites également funestes au salut ?

R. Oui. Ces accidens produisent à chaque instant l'humeur, l'impatience, la colère, le désespoir, les juremens, les blasphêmes : ils sont cause que l'on dit des injures à son prochain, au mépris de l'évangile qui, en défendant d'appeler son frère *raca*, n'a sûrement pas permis aux dames d'appeler *racaille* leurs maris et leurs amans.

D. Quelle preuve a-t-on que cette calamité vienne d'une cause surnaturelle ?

R. C'est qu'auparavant rien de semblable n'était arrivé à ceux qui en sont affligés.

D. Comment sait-on cela avec certitude ?

R. Comme on sait les faits rapportés dans l'évangile.

D. Qu'entendez-vous par ces paroles ?

R. Qu'on le sait par le témoignage d'hommes

mes présens aux événemens. Ils l'affirment tous d'une commune voix , et ne peuvent être ni trompeurs ni trompés.

D. Cette cause surnaturelle ne peut-elle émaner de la volonté de Dieu ?

R. Non. Admettre cette opinion , c'est être un athée , et par conséquent, un homme sans morale , comme l'a fort bien démontré le docteur Brocococantius.

D. Y a-t-il une preuve directe que cette calamité vienne du diable ?

R. Certainement ! il n'est point d'homme qui , à l'instant où il l'éprouve , ne s'écrie : « *Ah! c'est le diable !* » et son amie fait souvent écho......

Un mauvais esprit voulut contester l'évidence de cette preuve. Il soutenait que longtems avant qu'on eût ouï parler du Pot sans couvercle , tout homme à qui pareille chose arrivait , tout naturellement et sans diablerie , s'écriait de même : « *Ah! c'est le diable* »... On confondit ce chicaneur , en lui répondant qu'il s'agissait du présent et non du passé. Il ne répliqua point , et vainement il

F

l'eût essayé. En effet, ce raisonnement est de la force de ceux que nous entendons faire tous les jours, et qui convainquent les trois quarts et demi des hommes.

Après avoir aussi savamment découvert la source du mal, chacun s'occupa, suivant l'usage, à faire briller son esprit. On se lamenta sur la gravité de ce fléau, on en développa les épouvantables conséquences, on démontra la nécessité de les prévenir sans perdre un seul instant, avec une éloquence digne de retentir dans la postérité la plus reculée.

Ainsi, la nuit, le feu étant à la maison, un vieux mari s'amusa pendant un grand quart-d'heure à plaindre sa femme sur ce que sa pudeur allait avoir à souffrir. " Que
" ferez-vous, ma poule, s'écriait-il ? et c'é-
" tait son éternel refrain : que ferez-vous,
" quand vous allez vous trouver en che-
" mise, au milieu de tous ces hommes as-
" semblés dans la rue ? "

Ainsi, lorsqu'après six mois d'une fortune extravagante, le triste Haricot fit banqueroute à ses créanciers plus tristes que lui, sa femme, au lieu de prendre la poste avec ses bijoux, ou de revenir honnêtement, soit à l'aiguille de couturière, soit au peigne de soubrette, pleura, pendant un jour entier, de n'avoir pas eu le tems de donner une fête qui effaçât, par sa magnificence, toutes celles données jusques-là par de nouveaux enrichis.

X I X.

Saines institutions pour la paix des ménages et des familles.

Long-tems après qu'on fut las d'entendre, lorsqu'enfin on fut las de parler, on s'avisa que ce n'était pas tout de décrire le mal en beaux termes, qu'il fallait encore chercher le remède.

Mais voici ce qu'on n'avait pas prévu : des hommes à qui leur âge et leur expérience assurent la considération générale, se lèvent pour traverser l'entreprise.

L'idée qu'ils mettent en avant est spécieuse ; leur nombre est respectable ; leur chef en impose par sa physionomie. C'est un ex-clincailler, propriétaire d'une immense manufacture de draps. Derrière lui, pour le souffler, est un ancien aumônier de régiment, aujourd'hui marié, et possesseur d'un des plus jolis sérails de Paris. Il aurait lui-même porté la parole, s'il eût pu *décemment* se déclarer le père d'une fille nubile.

« Dans tous les tems, disait le chef de
» l'opposition, les tuteurs, les maris, les
» pères se sont plaints des désordres que
» cause l'amour. Nous n'avons pas besoin
» de chercher dans l'histoire ou dans les
» recueils d'anecdotes, les preuves sans
» nombre de ce que nous avançons. Chacun
» sait trop quelles peines il lui faut prendre
» pour n'être pas ce que furent César et
» Henri IV, et pour ne point se trouver
» grand-père avant le mariage de sa fille.
» Et quoi qu'on fasse encore, hélas!... si
» chaque fois qu'un accident arrive, il nous
» prenait un éternument, nous n'aurions

,, plus d'autre conversation que , *Dieu vous*
,, *bénisse !*

,, Eh bien ! tous nos maux vont finir ,
,, par ce bienfait du ciel que vous osez
,, nommer un fléau. La paix va renaître
,, pour jamais dans les ménages et dans les
,, familles. Ecrivons ces mots sacrés : *Un*
,, *Pot sans couvercle et rien dedans* ; écrivons-
,, les en gros caractères , à la tête de nos
,, lits , au - dessus des sophas , et sur les
,, murs des boudoirs , sur les plaques de
,, ceintures de nos filles et de nos femmes.
,, Ecrivons-les sur les statues des jardins ,
,, à l'entrée des bosquets et au fond des
,, grottes , aux coins des rues et des places
,, publiques , sur les arbres des grandes
,, routes et sur les baliveaux de nos taillis...
,, Que ne pouvons-nous les écrire sur l'en-
,, vers de toutes les feuilles !

,, Ayons aussi des régimens de perro-
,, quets , de sansonnets et de pies , à qui
,, nous n'apprendrons rien qu'à répéter
,, sans cesse ces mots tutélaires : *Un Pot*
,, *sans couvercle et rien dedans !* Pour plus

» de sûreté , que la nuit, dans les rues ,
» ils soient criés d'une voix tonnante , par
» des hommes stipendiés comme les *Watch-*
» *men* , qui annoncent les heures dans les
» rues de Londres. Mais nos hommes se-
» ront plus nombreux , et ils se relaieront
» pour faire leur office sans interruption.
» Ils étudieront même la disposition des
» maisons, et on les aidera , s'il le faut, par
» des bâtisses accessoires , afin qu'ils ren-
» contrent par-tout les échos les plus mul-
» tipliés et les plus sonores.

» Ainsi , à toute heure , en tout lieu , les
» séducteurs seront poursuivis par ces mots
» dont la puissance magique doit les para-
» liser. Ainsi , toujours ils seront retenus
» par la crainte, par le désespoir du succès.
» Et quand ils oseraient affronter cette écra-
» sante impossibilité qui doit les atteindre
» dans le moment le plus sensible , trou-
» veront-ils désormais des complices ?

» Non , certes ! les femmes , d'avance
» certaines de l'événement , repousseront
» des amans qui n'auront rien que des

,, paroles. Car toutes les femmes sont sages
,, naturellement ; je le dis avec vérité , mal-
,, gré tant d'épigrammes , et plus de faits
,, encore , j'en suis convaincu ; toutes les
,, femmes sont sages ; et il n'en est pas une
,, qui veuille compromettre sa sûreté , et
,, perdre son honneur , uniquemeut pour
,, recevoir un affront. L'amour platonique
,, n'a jamais fait de. . . . ,,

Voulez-vous la fin du monde , . . . inter-
rompt du fond de la salle l'impatient Mamurra ? Il était tems , car cette diatribe faisait déja une impression forte sur les mem-
bres les plus âgés de l'assemblée ; et Brocococantius l'avait souvent approuvée de la
voix et du geste.

L'opinant expose avec chaleur que le
charme diabolique agit autant et plus sur
les maris que sur les amans ; que si quelqu'un a pu y échapper , ce n'est que parmi
ceux-ci ; que les époux ne sont jamais prêts
qu'à leurs heures , et tout au plus , . . . tandis que l'amant sera toujours prêt à saisir
l'instant où le diable dort etoù l'amour veille.

F 4

Il conclut que, différer d'y porter remède, c'est étouffer d'avance les générations futures. Il observe que tous les opposans sont des hommes à qui leur âge ou leur vie passée tient lieu, depuis long-tems, du Pot sans couvercle : et fort de la sensation qu'il produit sur les esprits, il rappelle l'apologue du renard écourté, qui voulait que tous les autres renards se coupassent la queue. L'allégorie fut unanimement saisie : il était difficile en effet d'en trouver une plus juste, et je vous ai dit que l'on était dans une crise extraordinaire d'esprit et de bon sens.

X X.

Recherches sur le Pot. Idées philologiques, économiques, allégoriques, philosophiques, religieuses et morales.

Les opposans avaient été honteusement éconduits ; et ce qu'on n'avait guères vu jusqu'alors, et ce qu'on ne reverra guères, une assemblée nombreuse, unie par un même intérêt général , n'était désunie par aucun intérêt particulier. Cet accord unanime n'empêcha point qu'on ne parlât beaucoup ; quand on ne peut contester , on prétend éclaircir.

Un médecin propose , pour discuter avec ordre , de poser méthodiquement une série de questions bien claires... Qu'est-ce qu'un Pot? — Existe-t-il des Pots ? — Un Pot peut-il exister sans couvercle ? — Cette idée n'est-elle pas démontrée impossible par le proverbe qui dit : « *Chaque Pot a son cou-* » *vercle ?* » — Les termes mêmes ne sont-ils pas contradictoires , et le couvercle ne forme-t-il pas une partie intégrante de l'essence du Pot ? — Peut-il exister un Pot qui soit sans couvercle et où il n'y ait rien dedans ? — En existe-il un ou plusieurs dans ce cas ? — S'il en existe plusieurs , comment distinguer celui auquel est attaché le charme exterminateur ? — S'il n'en existe qu'un , où le trouver ? — Et s'il n'en existe point du tout ?

Un bel esprit qui a eu l'honneur de faire

des couplets pour dix-sept ou dix-huit personnes de votre sorte , mes honorables mé-
cènes , et qui s'élève même quelquefois jusqu'à la comédie de société. « Passons en
,, revue , dit-il , tous les Pots imaginables ,
,, afin de découvrir celui sous lequel le
,, diable est caché , et de ne pas *tenir* trop
,, long-tems l'assemblée *sur le Pot.* Je ne par-
,, lerai point de la *fortune du Pot.* A çette
,, expression proverbiale doit désormais en
,, succéder une plus proverbiale encore ,
,, parce qu'elle est consacrée par une expé-
,, rience bien plus universelle , *l'infortune*
,, *du Pot.* — Sans citer non plus le *Pot aux*
,, *roses,* je distingue le *Pot à fleurs,* le *Pot*
,, *à feu* , le *Pot en tête* , le *Pot cassé* , qui
,, rappelle un proverbe que rien d'ailleurs
,, ne rappellerait ici ; les *Pots cassés* , qu'il
,, faut tâcher de ne jamais payer ; le *Pot au*
,, *noir,* où nous avons tous donné ; le *petit*
,, *Pot* , d'où les belles tirent des appas éphé-
,, mères , dont la séduction nous procure
,, quelquefois plus d'un an de regrets ; le
,, *Pot à part* , que dans un malheur général

,, chaque individu voudrait pouvoir faire
,, pour son compte ; le *Pot de fer*, qui se
,, casse contre le *Pot de terre*, ainsi qu'on
,, le voit dans les tragédies de *Lafontaine* ;
,, le *Pot au lait*, dont l'histoire peut nous
,, être rappellée par l'issue de mainte grande
,, fortune ; le *Pot à ville*, qui, lorsqu'il est
,, *sans couvercle* et qu'il n'y a *rien dedans*,
,, présente un emblême terrible de la famine;
,, le *Pot de vin*, bien connu de nous, de
,, nos maitresses et de nos protectrices ; le
,, *Pot-pourri*, auquel ressemblent tant de
,, conversations, tant de livres, tant d'ou-
,, vrages dramatiques ; le *Pot à deux anses*,
,, que nous figurons si gracieusement au
,, bal ; enfin le *Pot de chambre*.... ,,

« L'opinant-za mis le nez dessus ! ,, s'é-
crie un ci-devant raccommodeur de fayance,
placé aujourd'hui à la tête d'une immense
exploitation de bois. Et de suite, il démon-
tre à la compagnie que lorsque le meuble
en question sort des mains de l'ouvrier, et
sur-tout lorsqu'on l'offre à une personne qui
en a un pressant besoin, il faut qu'il soit

sans couvercle et qu'il n'y ait *rien dedans.*

« Faut-il tant *tourner autour du pot* ? dit
" un autre, je ne vois dans la phrase qui
" nous occupe qu'une allégorie frappante
" de l'effet qu'elle produit. Pesez sur-tout
" ces deux derniers mots : *rien dedans....* "
Une huée universelle troubla l'impudent orateur. Cela fut très-heureux pour la langue
française. Déja beaucoup trop riche en al-
lusions indécentes, elle en allait acquérir
une de plus : et un bourgeois n'eût plus osé
demander, comme *Chrysale*, s'il y avait quelque chose dans son pot, sans que sa femme
lui répondît, en se pinçant les lèvres : « Fi
" donc, M^r! toujours des équivoques! "

J'ai dernièrement entendu ce propos dans
une circonstance assez bizarre. Un jeune
homme entre dans un sallon. La maitresse
du logis, vrai modèle de retenue et d'aus-
térité, a toujours les yeux baissés, et en
conséquence regarde les arrivans ailleurs
qu'au visage. Elle apperçoit sur un panta-
lon neuf une tache énorme : « Ah! Qu'est-
" ce que ça ? — Ce n'est rien, madame ;

,, un peu de sucre...... — Fi donc, M^r !
,, toujours des équivoques ! ,,

Pendant que je vous contais cette histo-
riette , le trouble s'est appaisé dans l'assemblée , et le silence s'est rétabli. Un homme
rêveur se lève. C'est Antonin ; il a des pré-
tentions à la science , et dans sa société , il
passe pour un érudit. Il a entendu dire que
Voltaire faisait de jolis vers de société ; en
conséquence il le veut lire. Un volume lui
est tombé sous la main : c'est la *Philosophie
de Newton*. Antonin la lit ; et n'est étonné
que de ne pas trouver une rime au bout de
chaque ligne. « Voyez ici l'emblême du sys-
,, tême de l'univers. Ces mots, *rien dedans*,
,, désignent le vuide de Newton. Le *Pot* ,
,, c'est l'horison qui contient tout ; il est
,, *sans couvercle*, parce qu'au-delà , il n'y a
,, que le néant.

,, Ce n'est pas par là que *le pot s'enfuit* ,
crie avec vivacité un petit sous-diacre : « Je
,, vois ici le doigt de Dieu. Les troncs des-
,, tinés à l'entretien des ministres du culte
,, n'ont plus besoin de *couvercle* , personne

,, ne met *rien dedans* ! remplissez-les, riches
,, avares ! et le fléau cessera...... ,,

« Oui ! dit en nazillant, un vieux marin
,, retiré, qui, par un zèle pieux, est devenu
,, sacristain ; oui ! un *Pot sans couvercle et*
,, *rien dedans*, c'est le cœur humain, mis à
,, découvert, et vide de bonnes actions. ,,

Tout le monde admirait ; mais on s'apperçut que plus on disait de belles choses, plus
la question s'embrouillait ; ce qui étonna
merveilleusement les grands hommes qui
avaient si bien parlé.

X X I.

La magicienne. Conditions auxquelles le charme
peut être rompu.

Vous vous êtes bien douté que dans cette
assemblée il n'y avait point de femmes,
puisque le tems se perdait en discours, et
que personne n'allait au fait. Le beau sexe
ne prenait aucune part à ces délibérations.
Rien ne pouvait l'y intéresser. Les dames

se tuaient de dire, de répéter qu'à ce changement elles gagnaient bien plus qu'elles ne perdaient ; qu'elles n'avaient fait cas jamais que du cœur, et non des sens ; que le sentiment, dégagé de l'idée même des plaisirs grossiers, était plus pur, mieux approprié à leur délicatesse. Voilà ce qu'elles disaient à leurs amans pour les consoler ; et elles bâillaient en disant cela, elles bâillaient à se fendre la bouche jusqu'aux oreilles.

Au défaut de l'intérêt personnel, ce fut sans doute une noble compassion qui les émut, lorsqu'elles virent qu'en délibérant si long-tems, les hommes n'avaient fait que de l'eau claire. Sacrifiant tout à la pitié, la plus générale et la plus énergique de leurs vertus, elles s'occupèrent sérieusement de mettre un terme à cet état qui leur plaisait si fort. Le fait est que, sans leur intervention, la discussion durerait encore.

A qui appartient la gloire d'avoir provoqué ce beau mouvement de générosité. *O altitudo !* O profondeur des jugemens de l'éternel, gloire te soit rendue aujourd'hui et dans tous les siècles ! Le ciel ne va pas choisir la libératrice de son peuple parmi ces femmes que rendent dangereuses leurs attraits, leur esprit ou leur éducation ! C'est la grosse et riche Harigna, naguères coquetière à la halle, c'est elle qui rompra la glace.

Au milieu d'un de ces thés, mêlés de danse et de musique, qu'elle donne tous les huit jours à des gens qui n'y vont que pour se moquer d'elle et de la rage qu'elle a d'y faire valser ses trois quintaux d'appas, Harigna, entendant rendre compte des inutilités dont je vous ai entretenus, s'écrie, sans doute par une inspiration divine : « Que
„ les hommes sont bêtes ! je crois, ma foi,
„ que le charme paralyse leur esprit, comme
„ autre chose. Pour moi, tout cela m'en-
„ nuie ; je n'examine pas si *un Pot sans cou-*
„ *vercle et rien dedans*, est l'emblême d'un
„ œuf mangé à la mouillette, ou du tronc
„ d'une chapelle : je veux savoir de ma ti-
„ reuse de cartes, comment on peut dé-
„ truire le *sort*, qui fait qu'au souvenir de
„ ces mots diaboliques, tous les hommes de-
viennent

,, viennent imp.\..... imp-ertinens..... ,,

Harigna exprimait une idée qui était déja venue à dix mille femmes. L'impulsion première une fois donnée, l'effet de l'électricité est moins prompt. Toutes sont en mouvement. Peu de disputes sur le choix de la devineresse. Le tems est trop cher pour le perdre en discours. La très-savante et très-désintéressée Jeanneton Dampuis réunit d'abord les suffrages. Ne doutez point de son habileté, mes sages protecteurs ; si je vous nommais, parmi les femmes qui vous intéressent, toutes celles qui font à Jeanneton une cour assidue : et si je vous détaillais sur-tout les questions dont vous êtes l'objet ; et les réponses avec lesquelles on nourrit l'espoir, on encourage l'audace ; et les facilités, les complaisances, les manéges, les billets, les entrevues !.... Tenez, il vaut mieux ignorer quelque chose. Jeanneton est discrète et incorruptible, autant que vos belles sont sages et sincères. Dans le taudis de l'oracle, rien ne se passe qu'en tout bien, tout honneur.

G

La prophêtesse est en présence de ses clientes. Toutes, debout et dans un silence respectueux , attendent l'oracle qu'elle va prononcer. C'est un coup-d'œil assez piquant que cette rangée circulaire de coiffures jaunes ; de rubans jaunes, de plumes jaunes et de schals jaunes. (Car elle est revenue, la mode des tems de chevalerie, de porter les couleurs de son mari ou de son amant.) Au milieu de tout ce jaune, sont des minois assez agréables, les uns par art, les autres par nature. On dirait vraiment une guirlande de rose encadrée des pisssant-lits.

Un effroi divin a saisi Jeanneton. Les cartes mystérieuses dévoilent à ses yeux tous les secrets du passé , du présent et de l'avenir. Trois fois elle les remêle, et trois fois elle retrouve , dans les mêmes pronostics , la confirmation de ce que lui inspire son génie. Enfin , elle s'écrie :

     « Oui ! je vois un pot sans couvercle
      » Et rien dedans !!
     » Malgré vous , vos mains et vos dents ,
    » Des malheurs des mortels il élargit le cercle.... »

— Ici, Jeanneton s'arrêta, pour reprendre en prose un discours qu'elle ne pouvait achever en vers. On voit bien par-là
que la vieille n'était pas un bel esprit moderne.

« Le fléau peut cesser. Voici à quelles
conditions :

„ Trouvez un homme qui n'ait jamais
„ bâillé en lisant un roman nouveau ;

„ Qui, de la pauvreté, soit arrivé presque subitement à de grandes richesses, et
qui néanmoins ait conservé sa probité ;

„ Qui soit absolument étranger aux mœurs
des êtres avec lesquels il vit, qui ne les connaisse ni ne les partage ;

„ Qui n'ait sur-tout jamais éprouvé d'accident semblable à ceux que produit le Pot
sans couvercle.

„ Il faut qu'il bâille en lisant un roman ;

„ Qu'il se forme aux mœurs de la société actuelle ;

„ Qu'il éprouve l'effet désastreux du Pot
sans couvercle ;

„ Qu'enfin il trouve le merveilleux Pot,

» et que sa tête en soit pleinement coiffée ,
« pleinement !.... »

A cet oracle effrayant , la teinte livide du désespoir a couvert toutes les figures ; la seule Harigna veut encore s'égayer , et propose de chercher un aveugle - sourd - et - muet. « Celui-là n'aura jamais bâillé en lisant...» La devineresse répond qu'il ne s'agit pas d'éluder l'oracle , mais de le remplir : d'ailleurs , il devient inutile de la consulter sur les moyens d'exécution : le destin lui prescrit désormais un silence impénétrable.

On se sépare ; on répand par - tout les détails de la consultation ; on frémit en songeant à l'impossibilité des conditions que le destin prescrit ; une sombre consternation s'empare de tous les cœurs. Les hommes, en silence , frappent la terre de leurs fronts humiliés ; et chacun croit être arrivé à ces jours de désolation prédits par les prophêtes hébreux , où les mortels , dans l'excès de l'abattement et de l'angoisse , imploreront le néant , et regretteront d'avoir vu le jour.

XXII.

Parricide. Le phénix, ou M. Barnabé.

Malheur à vous, êtres durs, êtres insensibles, à qui ce récit ne déchire pas l'ame ! Malheur à vous qui contemplez tant de maux d'un œil sec ; qui peut-être même osez sourire à la douleur universelle ! Vous êtes jugés, cœurs de bronze ! La nature vous condamne à ne jamais pleurer à un drame.

Ce crime ne fut point celui de Sthénie. Navrée à l'aspect du fléau qui a pris naissance dans ses bras, elle veut aussi en fixer le terme. Nouvelle Eve, après avoir introduit le péché dans le monde, elle veut que le monde lui doive le vainqueur du péché.

Mais quelle résolution terrible il lui faut prendre ! De quelle vertu, de quel stoïcisme elle doit s'armer ! Elle va sacrifier à l'intérêt général tous les devoirs de la nature ; elle va, par excès de philantropie, devenir parricide ; elle va ravir à sa mère son amant, à la sage Théano l'unique M. Barnabé !

Théano est restée veuve de très-bonne heure avec deux enfans. Son fils est l'aîné, Sthénie est la cadette. Elle a marié celle-ci avantageusement ; et par ses économies et ses intrigues, au moment où se sont faites les plus rapides fortunes, elle a mis son fils à même d'acquérir d'immenses richesses qu'elle partage avec lui.

M. Barnabé est frère de lait de Théano. Orphelin dès l'âge de trois ans, il a toujours été nourri chez elle. D'abord marmiton, puis commissionnaire, puis garçon de boutique, à dix-huit ans il attira sur lui l'attention de Théano devenue veuve, et qui prit dès-lors la résolution de ne jamais se remarier.

La nature a tout fait pour la santé de M. Barnabé. Si elle ne s'est occupée que de ce point, elle a été si libérale, que M. Barnabé aurait tort de se plaindre. D'ailleurs, ne connaissant, ne voyant dans l'univers que Théano, n'aimant qu'elle (autant qu'il est capable d'aimer autre chose que lui-même), ne méritait-il pas bien le titre d'*homme-d'affaires*, qu'il reçut à cette époque ?... Quelles *affaires* ! quel *homme-d'affaires* ! Quel trésor qu'un M. Barnabé à dix-huit ans !

A dix-huit ans ! Et pourquoi fixer un âge à son mérite ? Vingt-cinq printems se sont écoulés et ont à peine altéré quelques-uns de ses traits. C'est un de ces êtres qui peuvent donner une idée de l'immuabilité de Dieu. Ce qu'il fût, ce qu'il fit, ce qu'il sentit, ce qu'il dit hier, il le sera, le fera, le sentira, le dira aujourd'hui, demain, tous les jours de sa vie. Théano, constamment satisfaite de ce loyal serviteur, lui a cédé une portion de l'intérêt qu'elle a dans les brillantes affaires de son fils. Ainsi, sur sa simple quittance, M. Barnabé reçoit régulièrement des trésors dont il ignore l'origine. Il passe sa vie avec des riches du jour ; mais toujours plongé dans son immobile bonheur, il ne se doute ni de ce qu'ils disent, ni de ce qu'ils font.

M. Barnabé aime passionément les romans nouveaux. Il n'en est pas un dont il n'ait lu toutes les syllabes, depuis le titre jusqu'à ces mots : *fin du dernier volume*, et

G 4

jamais il n'a bâillé, pas même en lisant. . .

. . . .
. . . .
. . . .
. . . .
. . . .

. . . . (1). A la vérité, n'allez pas lui demander compte de ce qu'il a lu. C'est, dans ce
genre, le plus aimable des lecteurs. Il re-
commencerait éternellement le même chapitre sans se plaindre des répétitions ; et s'il
avait pleuré la première fois, il pleurerait
encore la vingtième.

Quant à certain accident..... (vous me
comprenez bien, tristes victimes du Pot sans
couvercle), jamais l'heureuse Théano n'a
eu même la crainte d'un affront. On a parlé
souvent à M. Barnabé de la diabolique histoire qui anéantit tout Paris ; mais il ne s'en

---

(1) *Note de l'imprimeur.* — Ici, par une funeste maladresse,
un de nos ouvriers a couvert d'encre et rendu absolument illi-
sibles six lignes du manuscrit. Pour mettre le lecteur à
même d'y suppléer, on a imprimé à la fin de l'ouvrage un
catalogue complet de romans nouveaux.

est jamais souvenu l'instant d'après. Vous la lui répéteriez au moment qu'il se met au lit ; avant d'être entièrement dans ses draps, il l'aurait oubliée.

Et c'est un tel homme que vous voulez enlever à votre mère, ô Sthénie ! La nature se tait dans votre cœur ; le zèle du bien public se fait seul écouter. Ce qui peut rendre moins odieuse votre philosophique atrocité, c'est que voilà vraiment la victime que demandent les dieux. C'est qu'on eût cherché mille ans, sans le trouver, un second M. Barnabé, qui réunît aussi parfaitement les effrayantes conditions exigées par l'oracle.

Sthénie place Mamurra près de M. Barnabé, et lui recommande sur-tout de cacher à Théano la cruelle mission dont il est chargé. Puis elle fait circuler un arrêt de la redoutable Jeanneton Dampuis ; la bulle *in cœnâ Domini*, qui excommuniait au jeudi saint les sauterelles et les sorciers, n'a jamais été plus effrayante. Cet arrêt voue à la malédiction et abandonne aux puissances infernales, les personnes qui directement ou indirectement contrarieraient les moyens pris pour satisfaire à l'oracle. Le fléau, cessé pour tout le monde, retomberait sur elles seules , et les accablerait , sans espoir de remède , jusqu'à la fin de leurs jours.

X X I I I.

Éducation de M. Barnabé.

Si quelque chose pouvait étonner M. Barnabé , il s'étonnerait de l'amitié subite de Mamurra et de ses assiduités ; mais c'est tout au plus s'il s'en apperçoit.

Il était moins facile de ne point inspirer de soupçons à Théano. Mamurra ne peut, à ses yeux , avoir aucun prétexte de s'attacher à Barnabé. C'est bien pis encore s'il paraît s'occuper de Sthénie. Théano ressemble à bien des mères , qui , lorsqu'elles ne peuvent se souvenir au juste du nombre de leurs amans heureux (nombre plus considérable par fois que celui de leurs années) , frémissent à la première passion de leurs filles , et sont prêtes à les dénoncer au mari , aux parens , aux amis , à l'univers.

Mamurra prend le bon parti , c'est d'attaquer Théano même. Elle n'a pas encore tout-à-fait ajouté trois années à la quarantaine fatale. L'habitude de la sobriété , et un frais embonpoint , ont jusqu'ici assez bien conservé ses charmes. On assure , d'ailleurs , que si M. Barnabé est un prodige pour la fidélité , comme pour toute autre chose , Théano ne se pique point de doubler le miracle. Bien des jeunes gens savent même que souvent ses avances , comme le commerce sur la place , se font au comptant.

La première partie de la tâche de Mamurra fut la plus facile. Il fait lire à **M.** Barnabé l'histoire de la carabine de *Ragotin* , dans le *roman comique* de *Scarron* ; et M. Barnabé bâille en lisant , presqu'autant que bâillaient nos belles , en faisant (d'après leur expérience) l'éloge de l'amour platonique. Vous allez vous récrier sur la finesse de Mamurra , et supposer que connaissant le genre qui amuse

Barnabé, il a fait un argument profond *à contrario* ; point du tout. Comme tant de bêtes à qui l'on attribue beaucoup d'esprit, Mamurra n'a été guidé que par l'instinct. Si le *Roman comique* a fixé son choix, c'est qu'il a eu le bonheur de s'ennuyer en lisant le *Roman comique*.

Mr. Barnabé n'a jamais eu d'affaires ; il faut pourtant qu'il apprenne comment on les traite aujourd'hui. Mamurra trouve moyen de lui en susciter ; il s'aide pour cela de Théano qu'il abuse, et sur laquelle il a pris déja quelqu'ascendant : car l'amour en espérance n'est pas sans autorité. Mais quoi qu'on fasse, Barnabé est économe Tout ce qu'on en peut tirer, c'est au plus une centaine de louis dispersés entre quatre ou cinq débiteurs.

Mamurra le conduit ensuite dans une bonne maison, où l'on joue un jeu honnête. Il trouve autour d'un tapis verd la plupart de ses débiteurs, gagnant, perdant, le double ou le triple de ce qu'ils lui doivent. Au sortir de là Mr. Barnabé leur écrit pour être payé , un peu tracassé d'ailleurs de ce qu'il n'a point exigé de billets de ces dissipateurs. . . . .

L'un d'eux se presse de lui répondre , mais c'est pour lui faire de vifs reproches sur son indécente exigeance. Pendant que le créancier , un peu surpris , se creuse la tête pour deviner comment une lettre insultante peut tenir lieu de quittance , voici un billet d'un autre débiteur. Celui-là est poli du moins ; il annonce le paiement , mais il se garde bien d'en déterminer l'époque. On lui écrirait tous les jours , pendant six mois , qu'on ne vaincrait pas la répugnance qu'il a pour dater ses promesses.

Un troisième renvoie régulièrement sans réponse le commissionnaire de Mr. Barnabé, en faisant dire chaque fois , ou en disant lui-même *qu'il n'y est pas*. Un quatrième rencontre Barnabé : « il ne fallait pas vous
» donner la peine d'écrire , mon ami ; je
» vous rendrais sur-le-champ cette baga-
» telle , si j'avais de l'argent sur moi. Mais
» faites - m'en souvenir , je vous conjure ,

,, la première fois que nous nous verrons.,,
Barnabé rencontre son homme à-peu-près
deux fois par jour ; et constamment on le
paie du même compliment.

Confondu de ces manières absolument
neuves pour lui , il fait ses confidences à
Mamurra , devenu son oracle , parce qu'il
est toujours à ses côtés. (Remarquez qu'un
sot , un imbécille met volontiers sa confiance
dans la personne que le sort a placée le plus
près de lui ; et souvent le sort l'adresse
mieux que tous les calculs possibles : mais
ce ne fut pas cette fois-là.) Mamurra s'é-
tonne qu'un homme aussi habile , aussi répandu que M^r. Barnabé , puisse ignorer à
ce point les usages de Paris. Il lui conseille
de prendre sa revanche et d'emprunter à
son tour de ceux qui lui doivent.

Aussitôt fait : sur le nom et la mine de
M^r. Barnabé , il n'est personne qui n'ouvre
sa bourse. Il y a seulement une bagatelle ,
une misérable petite formalité à remplir :
ses débiteurs se font scrupule de lui prêter
un sol , s'il ne signe un billet à ordre où

l'on stipule l'intérêt au cours ; encore est-ce parce qu'on le connaît, qu'on n'exige pas de *gages*... Pardon ! je voulais dire de *nantissemens*. Barnabé reçoit l'argent, fait le billet, et se sent tenté de sauter dessus à l'instant, de le déchirer, d'en jetter les morceaux au visage de ces fripons déhontés, et d'opérer ainsi une juste compensation. La loi eût pu condamner cette violence, mais l'équité naturelle !.....

Barnabé se contint, dans l'idée qu'à l'échéance, la compensation se ferait d'elle-même ; mais elle devient impossible : car : sous ses yeux, on négocie ses billets ; on les fait passer dans les mains de gens qui ne lui doivent rien. Barnabé veut éclater ; Mamurra le retient en lui remontrant qu'il a tort de se fâcher, que tout cela est autorisé par l'usage, et qu'il a véritablement eu affaire aux plus honnêtes gens de la bonne compagnie.

Vous le savez, sectateurs des vrais biens, seuls esprits justes de l'univers ! il n'est point d'être si stupide parmi vous qui ne devienne un aigle , dès qu'en fait d'argent on lui a donné une leçon et qu'on a voulu le duper. Aussi le cœur et l'esprit de M^r. Barnabé n'eurent-ils pas la moindre peine à se monter à votre ton. Cette aventure lui vaut un an d'étude dans les bureaux du plus fameux agioteur. A compter de ce jour, bien habile le créancier qui tirera de lui un sol; bien heureux le débiteur qu'il ne ruinera pas.

X X I V.

L'éducation de M. Barnabé passe en d'autres mains.

Sthénie songe jour et nuit à l'exécution de son projet. Après les pas qu'elle a hasardés, elle ne peut plus reculer ; le succès seul a droit de l'absoudre.

Mais elle fait réflexion qu'une partie essentielle est négligée dans l'éducation de M^r. Barnabé. Il faut qu'il connaisse et qu'il partage les mœurs actuelles sous le rapport du sentiment comme sous celui de l'intérêt. Mamurra, pour un de ces points, a réussi complettement ,

complettement , elle veut réussir de même pour l'autre. . . .

Croyez qu'elle a ses raisons. Depuis long-tems elle envie à Théano M^r. Barnabé qu'elle sait apprécier : et bien que l'oracle ordonne que le grand homme soit une fois ravalé jusqu'à l'ignominie du Pot sans couvercle , elle compte profiter de toutes les tentatives inutiles que l'on fera pour l'amener jusques-là. . . . .

Fi ! quelles horreurs ! j'effacerais ces lignes , si je n'étais comme Pilate et comme Sancho-Pansa, « ce que j'ai écrit est écrit. » Mais sachez que ce sont des femmes jalouses de Sthénie (et il y en a beaucoup) , qui répandent ces calomnies affreuses. Sthénie , qui sait bien quels motifs la font agir , m'a dit : « je ne me charge de ce fardeau qu'afin » que rien ne sorte de la famille ; je suis » bien sûre aussi de ne point trop pervertir » Barnabé , et de le rendre à Théano dès » qu'il en sera tems ; enfin Barnabé m'ayant » souvent espionnée par ordre de ma mère , » je ne puis lui dérober ma passion pour

H.

,, Mamurra , qu'en me conduisant avec lui
,, comme mon amant avec Théano. . . . . ,,

Certain peintre jadis s'avisa de figurer
avec une tête de femme le serpent qui sé-
duisit Eve dans le paradis terrestre , parce
que , suivant la bible , il lui tint de longs
discours. Cette invention serait raisonnable,
si le serpent eût attaqué Adam. Et récipro-
quement je soupçonne que quelques malins
esprits, peignant Sthénie auprès de Barnabé,
pourraient bien la figurer avec une tête de
serpent.

La conversation s'engage d'abord sur des
choses de peu d'importance. `` Enseignez-
,, moi donc , disait M. Barnabé , pourquoi ,
,, indépendamment du mari , je vois toujours
,, trois hommes à l'entour d'une femme... ,,

`` Ne distinguez-vous pas l'*utile* , le *néces-*
,, *saire* et le *superflu* ? ,,

`` Non , sur mon ame. ,,

`` L'*utile* est l'homme qui se charge de
,,'l'éventail , du mouchoir et de la bourse
,, d'une belle qui n'a point de poches. En
,, un mot , il lui tient lieu de *ridicule.* ,,

« Oui , j'entends ; il joue là un rôle bien
» ridicule. »

« Vous n'y êtes pas : le *ridicule* , c'est le
» sac dans lequel on porte soi-même toutes
» ces babioles , quand on n'a pas d'*utile*
» pour les porter. »

« Oh ! oh ! »

« Le *nécessaire* est l'homme que sa richesse
» dispense d'être aimable ; le *superflu* , celui
» que son amabilité dispense ou devrait
» dispenser d'être riche. Aussi nos dames
» ont-elles toujours , sinon à la bouche ,
» du moins dans la pensée , ce vers de
» Voltaire :

« Le *superflu* , chose très-nécessaire ! »

Barnabé réfléchissait profondément. Il ne
pouvait s'accoutumer à être appellé le *su-*
perflu de Théano. Il se croyait quelque chose
de mieux. D'un autre côté , il commençait
à entrevoir que Mamurra se rendait l'*utile*
de sa maitresse. Cela le tracasse. Sans être
jaloux ni exigeant , on sent ce que l'on vaut ,
et l'on veut que les autres le sentent. Pour

s'éclaircir : « Permettez-moi, dit-il, encore
» une question qui n'est pas absolument
» étrangère au sujet que nous venons de
» traiter. Presque tous les hommes se van-
» tent d'avoir une maitresse, ou du moins
» le laissent appercevoir : et l'on ne s'avise
» pas d'en douter. »

« Non, certes : cela est trop évident. »

« Et pour cent hommes dans ce cas, à
» peine rencontre-t-on une femme qui ait
» un amant. »

« Eh bien ? »

« Eh bien ! je sais l'arithmétique peut-
» être, et cela me semble par trop con-
» traire aux principes de l'addition. »

« Pas mal ! »

« Il y a mieux : un homme à trente ans
» compte au moins dix ou douze femmes
» qui l'ont honoré de leurs bontés. Il peut
» le dire, sans que personne le lui con-
» teste. »

« Le calcul est modéré. »

« Et l'on ne trouve pas une femme de
» cinquante ans, qui, dans sa vie entière,

,, ait eu plus de trois ou quatre amans. Cela
,, me paraît encore pécher prodigieuse-
,, ment contre les lois de la multiplica-
,, tion. ,,

« Mon cher Barnabé ! c'est qu'il ne faut
,, prendre au pied de la lettre , ni tout ce
,, que les hommes affirment, ni tout ce que
,, les femmes nient. ,,

« Il est donc possible que les femmes
,, trompent ? ,,

« Il y en a quelques-unes.... ,,

« Et comment faire pour éviter ?.... ,,

« Se bien adresser. Autrement, l'homme
,, le plus aimable et le plus fidèle , mon
,, ami, se voit, je ne dis pas préférer (l'ou-
,, trage serait moindre) , mais associer l'ob-
,, jet d'une passade , d'un caprice.... ,,

Le coup était bien dirigé. Barnabé devint
pressant. Sthénie dissipa ses doutes avec
toute la perfidie , toute la douceur imaginables. Barnabé voulait toujours se mettre
en colère , en pensant à Théano ; et il s'é-
tonnait d'éprouver toujours un sentimen
plus doux et de penser toujours à Sthénie :

H 3

en vint jusqu'à entrevoir que la vengeance pouvait être quelque chose d'assez agréable.

Mais Théano, que son nouvel adorateur n'a pas le talent d'amuser long-tems, Théano n'aime point les églogues, et cependant n'a rien de mieux à attendre de Mamurra jusqu'à nouvel ordre. En conséquence, elle se débarrasse assez cavalièrement de lui, en l'envoyant vers Barnabé. En même tems elle rappelle Sthénie, sans doute parce qu'elle se soucie peu qu'une femme plus jeune qu'elle reste trop long-tems en tête-à-tête avec son phénix.

X X V.

Fruits de l'éloquence..... Le parricide est consommé.... Pas tout-à-fait.

M^r. Barnabé ne dit mot à Mamurra de la conversation qu'il venait d'avoir avec Sthénie. Le soir, il ne parle point à Théano de cet entretien, non plus que de ses soupçons toujours croissans. Ces deux traits de discrétion annoncent un jeune homme qui se forme prodigieusement.

Théano, le lendemain, a un petit air d'humeur, dont Barnabé ne paraît pas s'inquiéter beaucoup. Sthénie et Mamurra se pressent d'en conclure qu'enfin le héros *s'est fait homme* (*homo factus est*, dit le *credo*), et qu'il a songé au Pot sans couvercle. Mamurra jure de le déterminer dans le jour à l'effrayante recherche du Pot. Sthénie, moins prompte à croire (c'est sans doute parce qu'elle y a un intérêt moins vif), se promet, *in petto*, qu'un peu plutôt, s'il est possible, elle saura par expérience à quoi s'en tenir.

On se trompe souvent en jugeant sur les apparences. Jeanneton sait tout, et m'a tout révélé. M^r. Barnabé, dans la nuit, avait pensé à Sthénie, et s'était ménagé à telle fin que de raison (quel développement dans son moral !) voilà ce qui rendait Théano mécontente. Mais, en vérité, sauf la force de l'habitude qui est plus terrible sur ce point-là que sur tout autre, Théano avait tort ; et

H 4

il n'est guères de femmes qui ne fussent satis-
faites à moins.

Mamurra s'épuise en tirades pathétiques
pour persuader à M^r. Barnabé d'entreprendre l'exécution finale de l'oracle. Barnabé,
jusqu'alors sûr de lui-même, demande quel
intérêt peut le déterminer à se donner tant
de peine. Il ne veut en rien se mêler d'une
affaire qui concerne le diable....

Mamurra, le matin même, avait étudié
tous les principes du droit public en vertu
desquels un particulier doit sacrifier au bien
général ses goûts, ses répugnances, son
intérêt, sa vie. Il étale ces lieux communs
avec tant de force, il en répète si souvent
l'application à l'histoire du Pot sans couvercle ; en un mot, il est si éloquent, si
éloquent, ... que, pour la première fois
depuis sa naissance, M^r. Barnabé sortit de
son caractère de douceur, envoya prome-
ner Mamurra et son Pot, et s'éloigna tout
en colère. . . .

Sa fureur n'était rien moins que calmée,
quand il se retrouva près de Sthénie. L'on

s'appaise très-agréablement à côté d'une jolie femme qui ne vous veut pas de mal. Mais Barnabé ne sait pas encore ce que c'est que d'être entreprenant. C'est la faute de Théano, qui, en faisant son éducation, a toujours pris ce soin sur son compte. Sthénie est contrainte de risquer quelques avances qui ne tardent pas à faire effet.

Ainsi donc il va être consommé cet attentat horrible aux droits les plus sacrés de la nature. Ce n'est point Barnabé que je blâme ; il a plus d'une représaille à exercer. Mais Sthénie ! mais une fille parricide qui enlève l'amant de sa mère ! Ah ! c'en est fait ; la corruption des hommes est arrivée à son dernier période ; la fin du monde approche ; et l'anté-christ pourrait bien sortir du fond du Pot sans couvercle.

De grands et habiles physiologistes m'ont assuré que la mémoire la plus rebelle ne résistait pas au comble de l'impatience : et qu'un homme qui oublierait son propre nom, n'oublierait pas une sottise dont on l'aurait excédé. Ce fut sans doute le cas où se trouvait M^r. Barnabé, après sa conversation avec Mamurra : car Sthénie essuya un affront qu'elle s'était bien arrangée pour réserver à sa mère.

Il faudrait un autre pinceau que le mien pour bien peindre l'étonnement profond de M^r. Barnabé, et le dépit cruel de Sthénie. Sthénie, deux fois infidelle à son mari, et deux fois inutilement ! *è una cosa da crepare !*

Quand un jeune homme de famille tombe une fois dans les griffes des usuriers, par exemple, aujourd'hui dans celles de M^r. Barnabé ; chaque mois, chaque jour, chaque heure, il voit l'intérêt accroître le capital: et tous les expédiens auxquels il a recours, ne font qu'accélérer sa perte. Ainsi Barnabé a beau faire, beau pester, beau imaginer, chaque instant lui ravit une portion de lui-même, et l'anéantit plus complettement. Sthénie est désolée : mais (ce qui prouve sa bonté et son égalité d'humeur) un regard consolant apprend à l'infortuné qui la quitte, qu'elle ose penser encore que ce qui est différé n'est pas perdu.

Barnabé court vers Mamurra. Il veut, sur-le-champ mettre un terme aux désastres publics. Il affrontera le diable, si le diable est gardien du Pot sans couvercle. Chaque minute de délai lui semble un siècle, un vol fait à l'humanité. . . . Mamurra, émerveillé de ce changement subit dont il est loin de soupçonner la cause, se presse de servir de guide au nouveau Décius. Le jour tombe, la nuit approche : il faut se hâter pour ne pas trouver les portes fermées, et pour n'être pas forcé de remettre au lendemain la délivrance de l'univers.

X X V I.

Raisonnemens métaphysiques sur ce qui précède et ce qui suit.

Tout l'univers était dans l'attente ; car la nouvelle du dévouement de M. Barnabé se répandit avec la rapidité de l'éclair. Théano même eût pu en être instruite assez à tems pour y mettre obstacle, si Sthénie, qui veillait sur elle, ne l'eût obsédée jusqu'à ce qu'elle fût certaine du départ et même de l'arrivée de Mamurra et de son intrépide compagnon.

Les uns pariaient pour le succès, les autres contre. Mais on était généralement d'accord que si les accidens cessaient après l'accomplissement de l'oracle, ou ne se soutenaient que sur le pied du courant ordinaire, ce serait une preuve sans réplique de la justesse de ce que l'on avait avancé jusques-là sur leur origine diabolique.

Quelques esprits forts toutefois osent encore élever des doutes sur ce point. « Le » pouvoir de l'imagination est incalcula- » ble, disent-ils ; si elle s'exalte par des » causes bizarres, elle s'appaise par des » motifs non moins extravagans. Ceux qui » peuvent se croire ensorcelés ont foi au » devin; et dès que l'oracle sera accompli, » ils se persuaderont fermement qu'ils sont » désenchantés, et cela suffit pour l'être. » — Et à ce propos, ces maudits encyclo-pédistes vous content l'histoire de tous les noueurs et dénoueurs d'éguillettes. Ils vous citent, dans un autre genre, ce caliphe, d'ailleurs très-sensé, qui croyait avoir une mouche sur le menton ; et que son médecin guérit en faisant semblant de couper la mouche avec un canif, et en laissant tomber une mouche morte, cachée d'avance dans le creux de sa main.

Dieu me garde de rien préjuger sur cette question, qui tend à infirmer là preuve de l'existence et du pouvoir du diable, résultante de l'histoire du Pot sans couvercle ! je vais seulement rapporter un fait qui n'est, je crois, imprimé nulle part, et qui peut inspirer d'importantes réflexions à des penseurs aussi profonds que vous, mes très-chers maîtres.

Notre sainte mère l'église chrétienne est universelle, comme elle est infaillible. Mais elle est divisée en tant de sectes qui se damnent mutuellement, que, quelle que soit celle qu'on adopte, on est forcé de convenir que le nombre de ceux qui tiennent la véritable croyance, est fort petit. Et si l'on regardait ensuite aux mœurs plus ou moins chrétiennes, ce nombre diminuerait encore cruellement. A la fin du dernier siècle, et presque jusqu'à nos jours, les deux partis les plus violemment opposés ont été les jansénistes et les molinistes. Vous en avez sans doute entendu parler ; et vous n'avez jamais rien compris à ce qui pouvait les diviser ; consolez-vous ! ni eux non plus. — Au plus fort de leurs querelles, un vieux duc, bien fanatisé par un confesseur jésuite, se frappe l'esprit au point d'imaginer qu'il a le chef des jansénistes à califourchon sur le nez. C'est depuis cette aventure que, pour peindre une antipathie qui se prononce à tous les instans, on dit proverbialement ; vous avez cette personne à califourchon sur le nez.

Tous les valets qui ne veulent point voir Jansénius sur le nez de son excellence, sont incontinent mis à la porte ; et le duc fait maison nette, jusqu'à ce qu'il ait trouvé des gens assez complaisans pour se taire, quand il les interroge à ce sujet. Il interprète leur silence comme le pénible aveu d'un phénomène aussi désolant.

Autant en arrive aux médecins. Il passe en revue la faculté , prêt à faire sauter par la fenêtre chaque docteur qui s'obstine à contrarier sa vision. Un seul médecin restait , qu'il n'avait pas voulu consulter , le soupçonnant d'aimer peu les jésuites. Force est enfin de recourir à lui. Le rusé docteur arrive, bien prévenu du rôle qu'il doit jouer. « Eh ! qu'est-ce , M. le duc , s'écrie-t-il en „ entrant? Par quel hasard l'hérétique évê- „ que d'Ypres , en habits pontificaux , siége- „ t-il sur votre nez. „

« De par saint Ignace ! en voilà donc „ enfin un raisonnable ! Eh bien ! docteur , „ que faire dans mon infortune ? „

„ Me dire d'abord ce qui a pu vous l'at- „ tirer. Voyez si quelque peccadille un peu „ lourde. . . . „

„ Vous m'en faites souvenir ; avant d'a- „ voir pour confesseur le révérend père „ Coutu , j'étais janséniste. „

„ Janséniste !.... justement. Le diable

,, réclame son bien... mais un jésuite peut
,, vous tirer de-là. ,,

 « Quoi ? le premier venu ? mon confes-
,, seur ; qui s'est moqué de moi quand je lui
,, en ai parlé ?... ,,

 « Oh ! le moindre de tous serait bien
,, suffisant si nous étions au Japon. Car dans
,, ce pays-là , il n'y a pas un jésuite qui ne
,, ressuscite les morts. Mais à Paris le plus
,, éminent en sainteté ne sera pas encore
,, trop bon. ,,

 « Eh bien ! le père Bourdaloüe ? ,,

 « A merveilles ! ,,

 « Mais que lui demanderai-je ? ,,

 « Attendez. Dans le tems de votre erreur,
,, ne vous êtes-vous jamais permis quelques
,, mauvais propos , ou quelques railleries ,
,, contre les bons pères de la compagnie
,, de Jésus ? ,,

 « Oh beaucoup ! et sur-tout au sujet de
,, certain amour peu canonique dont les
,, taxent leurs calomniateurs. ,,

 « Je vois l'affaire. — Ce n'est pas le nez
,, des jésuites que vous avez attaqué ; mais
,, le

,, le diable s'en prend à votre nez. — Il faut
,, donc. . . . ,,

" Il faut : . . . ,,

" Comme disait Henri IV dans une occa-
,, sion à-peu-près semblable, que les par-
,, ties offensées s'embrassent. ,,

" O mon Dieu ! je comprends. . . . ,,

" Croyez-moi ! Jansénius une fois déposé
,, là n'y tiendra pas long-tems. ,,

" Le remède est terrible, mais il doit être
,, efficace. ,,

" N'en doutez pas. ,,

" Mais si le révérend fait des difficultés ? ,,

" Eh non ! dès que vous lui aurez exposé
,, la chose comme elle est , . . . et puis vous
,, êtes un homme sage ; vous savez comment
,, vous y prendre. . . . ,,

" Bon ! cela suffit. ,,

Et le duc, sur-le-champ, écrit au père
Bourdaloüe. La conférence secrète qu'il demande, flatte l'ambitieuse vanité du jésuite
autant et plus peut-être que sa charité : l'après-
midi même, il sera seul, tout entier aux ordres de son excellence.

I

Le duc arrive , exige la plus profonde solitude ; ferme lui-même la porte à double tour ; présente au père une bourse de cent louis qu'il le prie de distribuer en aumônes : puis , tout naturellement, et sans changer de ton , il lui détaille son infortune et le remède après lequel il soupire.

Le jésuite avait entendu parler de la folie du duc. Mais son billet dicté par le médecin , était tourné trop sensément , pour l'en faire à tems ressouvenir. Il veut suppléer à la prudence par l'éloquence , et remontrer au duc , ... remontrances inutiles ! L'autre insiste pour que le père , et sur-le-champ , se mette dans la posture d'un écolier qu'on va châtier de quelque faute grave. Bourdaloüe veut appeler du secours ; il lui montre deux pistolets chargés , lui enjoint le silence , et lui laisse le choix de ce genre de correction , de l'embrassade proposé. Enfin..... Enfin le père Bourdaloüe , aussi bien que le *fagotier* de Molière , mérita complettement le titre de *Médecin malgré lui.*

« Eh bien ! mon père , dit le duc d'un

„ ton affectueux, Jansénius est parti. Fal-
„ lait-il vous faire tant prier pour me rendre
„ ce petit service ?... „ Et en même-tems
il saute au col du jésuite que cette embrassade déconcerta pour le moins autant que
la précédente. — Et en effet le duc fut pour
le reste de ses jours guéri de sa folie.

X X V I I.

Scène d'effroi. Phobos kai Eleos.

Jean Racine a pris pour épigraphe de ses
tragédies, *Phobos kai Eleos (Terreur et Pitié).*
Comme ces tragédies ne tarderont pas à être
oubliées, si elles ne le sont déja, je puis
en toute sûreté *hériter* de l'épigraphe. *Hériter*, en langue suédoise, signifie, pour la
bonne compagnie, ce qui, pour la canaille,
s'appelle *filouter*, *voler*. O mes chers protecteurs ! si vous survivez à tous ceux dont
vous avez *hérité* d'avance, Mathusalem, près
de vous, ne sera qu'un petit garçon.

Moi, du moins, j'ai des droits réels ou

apparens à ce que je veux prendre. Quoi de plus propre à exciter *la pitié*, que les désastres dont je vous ai tracé la peinture, désastres dont chacun de vous peut dire : *et quorum pars magna fui* ! Ce latin, (car je suis dans mon jour d'érudition) ce latin peut se traduire ; *et dont j'ai eu ma part plus forte que je ne voulais.*

Et *la terreur* ! Ah ! c'est ici que je vais l'inspirer. Toujours de *plus fort en plus fort*, comme chez Nicollet, et comme dans vos spéculations de finances, et comme dans les calembourgs orduriers dont à souper vous régalez vos belles. Pour connaître l'effroi, suivez le fier Barnabé jusque dans le grenier qui sert de repaire à la fatale vieille, au-dessus de certaine chambre garnie, située rue de *la Lune*.... Mamurra l'a guidé jusque-là : puis il le laisse seul pour obéir aux lois de la destinée.

Un rapide coup-d'œil dévoile à Barnabé tout ce que cette aventure a de terrible. Point d'autres meubles dans la chambre qu'une paillasse, une lampe funèbre, une petite chaise brisée sur laquelle la vieille est accroupie devant le feu. Pendant que Barnabé médite son compliment de bienvenue, la vieille se lève, et il voit ce qu'elle lui cachait; au coin de la cheminée un Pot.... Il est sans couvercle.... Il n'y a rien dedans. A cet aspect l'orateur, qui n'a pas l'habitude d'être éloquent alors qu'il tremble, devient absolument muet.

Pour lui laisser le tems de reprendre ses esprits, je vous observerai que ce fameux Pot n'est aucun de ceux que vos savans avaient nommés. Tant il est vrai que vous n'êtes pas de grands sorciers ! C'est tout bonnement une marmite où l'on fait cuire le pot-au-feu; un de ces Pots non vernis, qu'on appelait autrefois des *huguenotes*; qui lorsqu'ils n'ont pas de couvercle, sont assez inutiles, et plus inutiles encore lorsqu'il n'y a rien dedans.

Barnabé, les yeux fixés sur le Pot, mesure le diamètre de son orifice. Il est bien petit, et sa tête à lui est énorme. Il songe à l'usage qu'il doit en faire, et se rappelle en frémissant l'axiôme de physique, qui veut que le contenu soit plus petit que le contenant.

Si vous avez pris patience pendant que M. Barnabé tâchait de se rassurer et de retrouver le fil de son discours, il n'en est pas de même de la gardienne du Pot enchanté. Vieille, malade et pauvre, elle est aussi soupçonneuse que grognon, aussi impatiente qu'humoriste ; et la mine égarée de l'homme qui vient la visiter, et ses yeux stupidement fixés, et sa bouche béante, et son silence prolongé ne sont pas propres à la rassurer. " Que demandez - vous, Jean ,, Des Vignes? ,, dit-elle brusquement en le regardant de travers.

" Madame,... pardon,... Madame.—Vous ,, avez un Pot.... sans couvercle.... et rien ,, dedans.... ,,

" Viens-tu ici pour me voler ou pour te ,, moquer de moi ? Tu n'es qu'un sot... ,, Et elle prend mon héros par le bras, le met dehors, et lui ferme la porte sur le nez.

Le diable, tapi dans un coin du galetas,

sous la figure d'un rat énorme, triomphait de la déroute de Barnabé. Mais il voulut trop bien faire ; il voulut pousser plus loin son avantage. Hélas ! à qui cela n'arrive-t-il pas ? Gens avides de gloire , gens avides de pouvoir , gens avides d'argént , conquérans , princes , agioteurs , qui de vous a jamais dit : C'est assez.

Barnabé , à la porte , n'y voyant goute , ressentant beaucoup d'effroi, un peu de colère , et presque plus d'enthousiasme pour le bien public , Barnabé suppliait humblement la vieille , par le trou de la serrure , de lui ouvrir , de lui prêter son Pot sans couvercle , ou du moins pour grâce unique , de l'éclairer , afin qu'il puisse redescendre le périlleux escalier sans se casser le cou. Il suppliait , et on ne lui répondait pas. Tout en parlant , en suppliant , il s'appuyait contre la porte. Tout-à-coup la porte cède à son poids , s'écroule au milieu de la chambre , et dans sa chûte , écorche le coccix de la vieille. Aussitôt Satan souffle dans le cœur de celle-ci la rage la plus violente. « Attends!

,, dit-elle, attends ! je vais faire les deux
,, choses que tu me demandes... ,, Et elle
s'élance, le fatal Pot dans une main, la
lampe dans l'autre....

Le malheureux Barnabé fuit et descend
l'escalier, aux cris farouches de son enne-
mie, aux éclairs bleuâtres et infects de la
lampe, que Satan, pour remplacer l'huile
épuisée, alimente d'un bitume infernal. La
vieille se précipite, et suit de près sa victime. Les marches tremblantes sous leurs
pieds, semblent à chaque instant prêtes à
s'écrouler. Barnabé, égaré par la peur, ne
peut retrouver la porte d'entrée. Il descend
toujours, et toujours il se trouve dans une
nuit plus affreuse.

" Aucun chemin de fleurs ne conduit à la gloire. ,,

a dit La Fontaine. Je suis de son avis, et
M. Barnabé aussi.

X X V I I I.

Le souterrain... Le diable est pris pour dupe.

Enfin M. Barnabé a retrouvé la terre, qui semblait fuir sous ses pas. La triste lueur qui le poursuit lui découvre un souterrain noir, humide, étroit, peu élevé, dont il n'apperçoit point l'issue. Il le parcourt hors d'haleine. Ses pieds déja meurtris par les cassures des marches, et les sauts qu'il a faits souvent de plusieurs degrés à-la-fois, sont piqués, coupés, ensanglantés à chaque pas, par des corps déchirans semés de toutes parts. Plus il avance, plus il se plonge dans une athmosphère pestilentielle : ce n'est plus de l'air qu'il respire, c'est une vapeur de corruption et de mort, telle que l'exhalent, dans leur décomposition, des débris long-tems accumulés du règne animal. Enfin, ses mains ont touché une sorte de colonne cylindrique, qui semble suer un breuvage infernal. Cette colonne, telle que celles d'Hercule , doit borner sa course. Il voit un mur épais terminer le souterrain , et nulle issue autour de lui ; et la cruelle vieille qui accourt, les yeux étincelans, et répétant toujours : Un Pot sans couvercle,... un Pot sans couvercle.... et rien dedans !...

Barnabé se jette à genoux pour implorer sa pitié. L'implacable mégère lève un bras décharné , mais encore robuste. « Tiens ! » lui dit-elle , voilà un Pot sans couvercle, » et quelque chose dedans... » Et à l'instant elle le coëffe du fatal Pot , aussi facilement que si elle eut manié un bonnet de coton , ou une baigneuse de dentelles.

Il est vrai que , dans le choc , le Pot fut un peu entamé , et la tête de Barnabé le fut beaucoup. Et cette opération ayant élargi le contenant , et diminué le contenu , les lois de la saine physique ne souffrirent ici aucune atteinte.

« O Théano ! » s'écrie Barnabé ; et il tombe et se roule par terre , et ses paroles se perdent dans des beuglemens inarticulés. Mais, dans ses convulsions, il rencontre la vieille, un peu émue de l'exploit qu'elle vient de faire. Elle chancelle, tombe sur lui, éteint la lampe en tombant, et le vainqueur mêle ses hurlemens à ceux du vaincu.

C'est ainsi que le diable est pris pour dupe. Satan avait violemment exaspéré la vieille, afin de dégoûter, par l'effroi le mieux motivé, quiconque voudrait entreprendre la recherche du Pot sans couvercle. Mais la dose de colère était excessive. Il s'en apperçut trop tard, et voulut envain y remédier. Quand le diable a déchaîné des passions malfaisantes, il n'est plus en son pouvoir d'en arrêter ou d'en rallentir le cours : c'est tout au plus si Dieu le père a cette puissance.

Le charme est rompu. Les mots diaboliques ont perdu leur influence à l'instant où la vieille a dit : *Un Pot sans couvercle, et quelque chose dedans !*

En effet, comme on a pu le voir, l'oracle de Jeanneton était accompli de point en point, accompli jusqu'à un iota, jusqu'à cette parole emphatique, à laquelle per-

sonne n'avait fait assez d'attention : *Pleine-*
ment coëffée ! Pleinement ! ...

Car, à l'instant où soit remords, soit habitude, soit sentiment, le triste Barnabé,
s'écriait : O Théano !... Théano recevait de
Mamurra la preuve de tout ce que j'ai l'honneur de vous dire.

Mamurra, en quittant M. Barnabé, s'était
empressé de rejoindre Théano. Elle savait
tout, et se livrait à l'excès de la colère et
du désespoir. Pour l'appaiser, il lui propose d'attendre ensemble l'effet d'un si beau
dévouement. Théano a pour l'instruction
un goût louable, qu'une circonstance aussi
extraordinaire et aussi importante que celle-
ci devait nécessairement augmenter. Ce motif seul lui arracha un consentement, ...
dont elle n'eut pas à se repentir.

Et Sthénie ! Sthénie à qui M. Barnabé
a promis de porter la nouvelle profitable
de son succès ; Sthénie languit dans l'attente, l'incertitude, la crainte, l'impatience...
Quel contraste entre son sort et celui de sa
mère, entre la position de Barnabé et celle

de Mamurra ! Ainsi toutes les jouissances dans ce monde sont pour les égoïstes. C'est à eux seuls que l'homme, qui s'immole pour ses semblables, voit recueillir le fruit des sacrifices qu'il fait à l'intérêt public.

Cependant la vieille et M. Barnabé, l'un portant l'autre, continuaient leurs lamentations dans les ténèbres. Ce *duo* plaintif est enfin entendu de quelques passans ; car au haut du souterrain est une ouverture qui donne dans la rue, et qu'on appelle vulgairement un soupirail. On accourt avec des flambeaux. La vieille se relève, et jure qu'elle a affaire à un voleur. Le malheureux qu'elle accuse, est coëffé d'un armet qui, semblable au casque de Pluton, célébré par Homère, a la propriété d'empêcher d'être reconnus ceux qui le portent. Le commissaire de police, homme d'esprit et de sens, arrive heureusement, attiré par la rumeur. Il ordonne qu'on casse le Pot ; et démêle enfin, au travers du sang, des écorchures et des contusions, les traits de M. Barnabé, très - honnête homme de sa connaissance. — Tout s'arrangera sans peine.

L'infortuné, rendu à la lumière, se voit avec surprise gissant au fond d'une cave, et cramponné machinalement aux sales cotillons de la vieille; près de lui sont les débris du fameux Pot, trophées sanglans de sa victoire. — Il a marché long-tems sur des tessons de bouteilles cassées, parce que dans sa fuite, il en a dispersé au loin un monceau perfidement entassé au pied de l'escalier. La colonne qui a borné sa course, n'est qu'un tuyau négligé depuis long-tems par un propriétaire trop économe, et que l'extrême plénitude a fait fendre dans sa longueur, toujours conformément aux lois de la physique.

X X I X.

C O N C L U S I O N.

La curiosité, au défaut de la *reconnaissance* (vous ne savez peut-être pas ce que signifie ce mot, mes honorables acheteurs ! vous croyez qu'il s'agit d'un billet, d'un reçu, d'une quittance), la curiosité doit vous faire desirer des nouvelles de M. Barnabé.

Quelques jours suffirent à son rétablissement. Et l'accomplissement de l'oracle ayant fait son éducation sur tous les points, c'est aujourd'hui l'homme à la mode, l'homme le plus brillant ; on se l'arrache.

Quant à l'amour : il compte déja plus de conquêtes parmi les femmes du grand genre, que l'acteur le plus fêté de Paris. Mais Sthénie est sa favorite, comme Mamurra est le favori de Théano. Ces deux couples vivent dans une intelligence exemplaire, sauf les petites distractions qui peuvent survenir entre gens qui, comme eux, sont anciennes connaissances : distractions dont ne doit jamais répondre un historien prudent.

Quant à l'argent : ne craignez pas que M. Barnabé laisse dormir sa fortune. Déja il est à la tête de quatre ou cinq entreprises très-vastes. Il ne prête plus un sou qu'à dix pour cent par mois, un mois payé d'avance.

Quant à l'esprit : qui n'a entendu, qui

n'a répété mille traits délicats, mille calembourgs charmans de M. Barnabé? C'est là
qu'il triomphe. Je ne citerai que le plus récent, parce qu'il prouve, en dépit des en-
vieux, que M. Barnabé connaît son alpha-
bet. Je sais qu'on assure qu'il n'en est pas
l'auteur. — Tant mieux, si c'est de l'esprit
emprunté. Rien n'est plus à la mode que ce
genre d'emprunt, parmi la bonne compagnie.

Un jeune homme que M. Barnabé rencontre souvent chez un de ses amis, est
soupçonné de n'y venir que pour les beaux
yeux de certaine veuve qui demeure un
étage plus haut. On remarque en effet qu'il
est dans l'habitude de sortir pour quelques
instans, aussitôt après le dîner. M. Barnabé
l'arrête un jour, sur la porte du salon.
« Quoi! vous nous quittez déja? » — « Non,
» je sors un moment pour prendre l'air. »
— » Prendre l'R (*l'air*); vous vous trom-
» pez, je crois que c'est la lettre qui pré-
» cède. »

A ces brillantes saillies, M. Barnabé joint
une

une judiciaire.... Oh!.... c'est un oracle. Autrefois, il lisait sans juger ; aujourd'hui il juge sans lire.

Je ne doute pas, s'il jette les yeux sur mon ouvrage, qu'en appercevant les louanges que je suis forcé de lui donner, il ne dise : „ Hum! hum! il y a du bon là-dedans. „ L'auteur n'est pas si niais qu'on le croi- „ rait bien. „

Je tiens même de bonne part (mais je vous le dis tout bas, car c'est un grand se- cret), que M. Barnabé a composé un opéra, paroles et musique ; un opéra qui fera les délices du public et la fortune des comé- diens, ainsi qu'on l'a unanimement décidé dans une société brillante où, ces jours pas- sés, il a été répété avec le plus grand succès.

Les costumes sont de l'invention de M. Barnabé, comme tout le reste. Mais, pour plus de commodité, un de ses auditeurs lui a conseillé de les faire dessiner par *Isabay*. Barnabé, là-dessus, a pris Isabay pour un tailleur ou pour une couturière (je ne sais pas bien lequel des deux) ; et lui a écrit en

K

conséquence. Isabay lui, l'a pris pour un sot. Mais ces grands artistes sont tous des *mal-élevés* ; ils se moquent d'un homme qui a des millions, tandis qu'ils vous parleront avec enthousiasme d'un *Percier*, d'un *Gérard*, qui, dans toute leur vie, n'ont peut-être eu jamais cent louis comptant devant eux.

Dès que la pièce aura réussi, elle paraîtra imprimée avec le portrait de l'auteur. M. Barnabé, selon l'usage suivi par tous les grands hommes, sera représenté travaillant à ce chef-d'œuvre. J'ai vu le dessin colorié de cette gravure : vous pensez bien qu'il n'est pas d'Isabay. Barnabé tient une plume d'or, et la trempe sans relâche dans un verre d'excellent vin de Bourgogne, qui lui sert d'écritoire. Derrière lui, sous un voile transparent, sont deux pauvres diables déguenillés. L'un copie les airs divins, l'autre les vers sublimes dont M. Barnabé accouche sans douleurs.

— Et tous mes autres personnages. A la conclusion, sans doute, il est décent de les rappeler. Oh ! ma foi, ce ne sera qu'en bloc :

de qui peut-on parler après M. Barnabé ?

Les hommes jurent qu'ils sont tous parfaitement guéris, Moi, je ne jure rien. Ce qu'il y a de sûr, c'est qu'ils n'ont rien perdu de leur ton avantageux ; et l'on sait que le ton avantageux est toujours en proportion inverse de la réalité.

Les femmes, oh c'est différent ! elles ne parlent plus tant de l'amour platonique, bien que leurs sentimens soient toujours aussi dégagés des desirs grossiers. Elles s'aiment mieux entre elles ; du moins les *amitiés* intimes sont plus communes. Je ne sais ce qu'elles auraient fait, si le Pot sans couvercle eut exercé plus long-tems ses ravages : Mais pendant la durée du fléau, j'ai admiré leur patience et leur charité. L'on m'assure qu'elles en ont conservé de beaux restes ; tant mieux pour elles ! Qu'elles les conserveront long-tems ; si les hommes sentent leurs besoins, ils doivent dire en chorus : Ainsi soit-il.

Voilà, mes chers lecteurs, tout ce que je puis vous dire de l'histoire du Pot sans

couvercle. N'en attendez ni suite , ni sup-
plément. Si quelque fripon essayait de vous
débiter sa drogue , sous le titre de *continua-
tion* du Pot sans couvercle , d'*additions* au
Pot sans couvercle , et sur-tout de *clef* de
l'histoire du Pot sans couvercle ; soyez certains qu'il se moque de vous , ce qui est
assez commun ; qu'il vous trompe , ce qui
n'est pas toujours mal-aisé ; qu'il vous vole ,
ce qui est pis que tout le reste , et ce que
vous ne devez pas souffrir , parce que c'est
attenter à vos droits.

J'ai l'honneur d'être avec le plus profond respect ,

Mes honorables maîtres et protecteurs ,

Votre très-humble et très-obéissant
serviteur ,

L. de R.

X X X.

Raison qui empêche de finir par la conclusion.

Je ne doute pas que cet ouvrage ne re-
çoive des meilleurs esprits l'accueil distin-

gué qu'il mérite. Pour prévenir l'effusion de leur reconnaissance , et les empêcher de torturer mon humilité par des louanges immodérées , je sens qu'il est indispensable de publier dès-à-présent l'avis de mes amis et le mien , sur cette conception , l'une des plus belles dont puisse s'honorer l'esprit humain.

Sentiment d'un Peintre.

Voici un tableau qui restera. Les mœurs de nos parvenus passeront ; car , dans l'opulence , on sent bientôt le besoin de faire briller ses enfans par une éducation soignée. Mais le recueil naïf d'aussi plaisantes caricatures ne passera point. On pourrait desirer quelquefois une composition moins hachée ; un dessin plus correct , un pinceau plus ferme , un coloris plus égal….

Sentiment d'un Philosophe pyrrhonien.

Il me semble que vous ne saisissez point l'intention de l'auteur ; elle répond à votre critique. Il cherche à , si je ne me trompe , faire passer quelques vérités sous l'enveloppe de la gaîté et de la folie. Il ne faut donc appuyer trop fortement sur rien , afin que le lecteur puisse sourire à son propre ridicule , sans reconnaître désagréablement que c'est de lui-même qu'il se moque. Je reprocherais même à l'auteur de n'avoir pas été toujours assez de goût , assez de finesse , assez de légèreté. . . .

Sentiment d'un Politique.

Moi ! je lui sais gré de l'intention. L'idée de déverser à pleines mains le ridicule sur la classe la plus immorale de la société , est une idée louable ; d'autant que le ridicule est la seule arme avec laquelle on puisse atteindre ces gens-là. Les lois contre l'usure , comme les lois somptuaires , seront éternellement éludées par ceux qu'elles devraient frapper avec le plus de force. Il n'en est pas de même du ridicule. — Quant à l'exécution , je n'en puis juger. En fait de romans , je ne connais que les romans politiques ; et ceux-là , comme on sait , ne sont pas dans le genre gai.

Sentiment del signor Pococurante , (petit neveu de celui qui accueillit Candide à Venise.)

Je soupçonne que l'auteur se moque du public. Je ne sais à quel point le public prendra sa revanche. Mais l'auteur me semble tellement en fonds , qu'il est difficile qu'il ne se trouve pas toujours en avance.

Sentiment d'un Moraliste.

Il n'est pas aisé d'absoudre certaines peintures un peu vives, et sur-tout cet art perfide de dire en termes très-décens , des choses qui ne le sont guères. Mais je pense que le livre , lu dans son vrai sens , peut, sur bien des points, suppléer un traité de morale; et je ne doute pas que telle ne soit *la fin*, que l'auteur s'est proposée en l'écrivant. Il ne s'est trompé que sur quelques - uns des moyens. . . .

K 4

Sentiment du Traducteur lui-même.

Et moi, qui dois le savoir mieux qu'un autre, je vous déclare que c'est ici la plus platte rapsodie dont on ait jamais sali le papier depuis l'invention de l'imprimerie. C'est pour cela même que j'en attends un succès prodigieux. Il n'y a, dans le fonds, nulle espèce d'invention ; nul art dans la conduite de l'ouvrage ; les développemens sont du genre le plus commun : s'il y a quelqu'esprit, quelque piquant, c'est dans les détails, et si bien caché encore, que les trois quarts et demi des lecteurs n'en appercevront rien. Sûr en conséquence de mon triomphe, j'ose vous promettre que nous ferons chez *Rose* un bon repas, des profits de la cinquième édition.

P R I È R E.

Toi, qui fais tant de choses dans ce monde, sans t'en douter peut-être ; toi dont le nom est sans cesse invoqué dans la douleur, dans la joie, dans la colère, dans la surprise, et même dans la plaisanterie ; toi, qui envoies des vapeurs à nos dames et des coliques à nos élégans ; toi, qui fais seul le succès de nos romans et de nos drames modernes ; toi, enfin, qui es la véritable providence (si tant est qu'il y ait une providence), puisque les méchans ne sont guères punis que par d'autres méchans, sans que les bons y retrouvent leur compte ; puisque les perches sont mangées par les brochets, sans que cela ressuscite les goujons qu'elles ont avalés ; esprit co-éternel à l'univers, ou du moins à l'existence des idées religieuses ! Diable ! Démon ! Lucifer ! Asmodée ! Belzébut ! Satan !

J'ai divulgué l'histoire du Pot sans couvercle, et sans ta permission, je l'avoue : mais observe que j'ai toujours respecté la vérité ; que dans le tems où les revenans sont le plus à mode, et dans une si belle occasion d'en mettre en jeu quelques-uns, je m'en suis religieusement abstenu, pour conserver la vraisemblance, parce que dans la classe où j'ai choisi mes personnages, aucun d'eux ne pouvait décemment passer pour un esprit. Si je me suis un peu mêlé de tes affaires, fais-moi le plaisir de ne te mêler jamais des miennes; c'est la prière unique que je t'adresse, et celle que j'adresserais volontiers à tous les puissans de la terre. Ne t'en mêle pas du moins, je te conjure, sous le rapport en question ; tu ne t'en es déja que trop mêlé sous tant de rapports! — D'ailleurs, entre nous, tu pourrais bien compromettre ta puissance.

Je ne suis pas ici pour me vanter ;

mais auprès d'ELLE, il m'est impossible de penser à autre chose qu'à ELLE : et supposé même que tu parvinsses à me donner une distraction, il suffirait d'un regard, d'un sourire de ma jeune amie, pour me sauver de l'*infortune du Pot*.

F I N.

CATALOGUE
DE ROMANS
NOUVEAUX ET ANCIENS.

(Ce catalogue, annoncé page 164, à la note, est inséré
ici pour la commodité du lecteur.)

UN Pot sans couvercle et rien dedans, ou les Mystères
du souterrain de la rue de la Lune, 1 vol. *in-8°.*
Enfant du Bonheur, 3 vol.
Mémoires d'une jeune Religieuse, 1 vol.
Mémoires de madame de Varin, 1 vol.
Vice puni, ou Cartouche père, 1 vol.
Alzonde et Coradin, 2 vol.
Amour, haine et vengeance, 2 vol.
Agata, ou la Religieuse anglaise, 3 vol.
Anzeletta et Zadoski, roman polonais, 2 vol.
Adversité, 2 vol.
Adèle de Senange, 2 vol.
Alphonsine, ou le Danger du grand monde, 2 vol.
Amans (les) réunis, 1 vol.
Alphonse d'Armancour, 2 vol.
Amitié (l') trahie, ou Mémoires d'un Négociant, 1 vol.
Amélie, ou les Ecarts de ma jeunesse, 2 vol.
Amorvin et Zellida, roman chinois, 2 vol.
Amours (les) de Pierre-le-Long, 1 vol.
Andronica, ou l'Epouse fugitive, 3 vol.
Anneau (l'), ou Gemima Gusman, 3 vol.
Antonia, ou les Tourmens de l'amour, 1 vol.
Artamon et Susana, 2 vol.
L'Italien, ou les Pénitens noirs, 3 vol.
Les Catastrophes du Sentiment, par John Bishop, 16 v.
Adélaïde de Clérancé, ou les malheurs et les délices du
sentiment, 2 vol.

Aventures de Hugues de Trevor, 4 vol.
Azalaise, le gentil Emar, 3 vol.
Bianca Capello, 3 vol.
Belle (la) Indienne, 2 vol.
Camille, ou Lettres de deux Filles, 4 vol.
Célestine, 4 vol.
Château mystérieux, 2 vol.
Charmant Sage, 4 vol.
Château de Galice, 2 vol.
Claire Eveling, 2 vol.
Clara Lennox, ou la Veuve infortunée, 2 vol.
Cléopatre, 3 vol.
Cloche (la) de minuit, 2 vol.
Confessions d'une Courtisane, 1 vol.
Coq (le) d'or, 1 vol.
Coralie et Zamor, 2 vol.
Curé de Lansdowe, ou les Garnisons, 2 vol.
Couvent (le), 3 vol.
Contradictions (les), 1 vol.
Caverne d'Ostrasie, 1 vol.
Cantatrice par infortune, 3 vol.
Calista, ou l'Amour conjugal, 2 vol.
Deux (les) Mentors, 2 vol.
Edouard, ou l'Enfant trouvé, 3 vol.
Edouard et Sophie, 2 vol.
Elève du plaisir, 2 vol.
Enfans de l'Abbaye, 6 vol.
Enfant de mon père, 2 vol.
Eugéne et Julie, ou les Souterrains du château de la
Hague, 2 vol.
Fanni Spingler, 2 vol.
Fatom et Melville, 4 vol.
Femme de bon sens, 3 vol.
Forêt (la), ou l'Abbaye de Saint-Clair, 2 vol.
Fin (le) Matois, 2 vol.
Gageure (la) dangereuse, 1 vol.
Gaudence de Luque, 4 vol.
Georgiana, ou la Vertu persécutée, 2 vol.

Herman et Hulrique, 2 vol.
Herman Duna, 2 vol.
Histoire d'une famille, 2 vol.
Horton et Maltide, 2 vol.
Isabelle et Théodore, 2 vol.
Jenni et Sophie, 2 vol.
Jeune (la) Nièce, 3 vol.
Julia, ou les Souterrains de Mazzini, 2 vol.
Jeune (le) Sauvage dans la société, 1 vol.
Laure et Auguste, 2 vol.
Laurence de Saint-Bœuve, 1 vol.
Louisa Beverley, ou le Père égoïste, 3 vol.
Lidia, 4 vol.
Lord, ou la Grotte, 2 vol.
L'Enfantement de Jupiter, 1 vol.
Missi et Diana Dauby, 2 vol.
Ma vie de Garçon, 1 vol.
Margareta, comtesse de Rinsfor.
Maria, ou le malheur d'être femme, 2 vol.
Maria de Merlinge, 2 vol.
Mémoires d'une jeune fille, 2 vol.
Méchante femme et bon jeune homme, 2 vol.
Mélanie et Félicité, 2 vol.
Milistina, ou la double intrigue, 2 vol.
Moine (le), 2 vol.
Mystères de la Tour noire, 2 vol.
Nœuds (les) enchantés, 1 vol.
Nouvel Enfant trouvé, 1 vol.
On ne s'y attendait pas, 2 vol.
Orphelines (les) de Flowergarden, 4 vol.
Pietro d'Albi et Jeanetta, 1 vol.
Pied de Fanchette, 2 vol.
Prince philosophe, 2 vol.
Prieuré de Saint-Bernard, 2 vol.
Pauline de Vergène, 3 vol.
Repentir (le), 2 vol.
Rose, ou la Bergère du Morin, 2 vol.
Rosine, ou le Pas dangereux, 1 vol.

Sophie de Beauregard, 2 vol.
Sainte-Helène et Monrose, 2 vol.
Soirée provinciale, 3 vol.
Théodore et Olivia, 2 vol.
Tombeaux, par Anne Radcliffe, 2 vol.
Voilà comme l'on aime, 1 vol.
Voyage dans mes poches, 1 vol.
Adèle et Théodore.
Les Chevaliers du Cygne.
Thémidor, ou mes fredaines.
Amans infortunés, 4 vol.
Aspasie, 2 vol.
Abbaye de Munster, 3 vol.
Adèle et Germeuil, 2 vol.
Amintor et Théodora, 3 vol.
Aphrodite, ou la Fille retrouvée, 1 vol.
Belle (la) mère, 2 vol.
Berger (le) Arcadien, 1 vol.
Château (le) de Mortimor, 1 vol.
Clémentine, ou le Legs fatal, 2 vol.
Confessions galantes de six femmes du jour, 1 vol.
Delphine, ou le Spectre amoureux, 2 vol.
Elève de l'amitié, ou Zélie l'ingénu, 3 vol.
Elizabeth de Toquinbourg, 4 vol.
Le Fratricide, ou Dusseldorf.
Francis et Eliza, 2 vol.
Henri, 6 vol.
Helrfor et Claire, 4 vol.
Le Nègre comme il y a peu de Blancs, 3 vol.
Malheur de la jalousie, 4 vol.
Mariage de la sœur du diable, 1 vol.
Mariane, ou la Forêt d'Ardennes, 1 vol.
Nérine, histoire anglaise, 2 vol.
Orphélia, ou l'entrée d'une orpheline dans le monde.
Paulisca, ou la perversité moderne, 2 vol.
Petit Albert, 1 vol.
Petite Chronique du royaume de Toïaba, 3 vol.
Primerose, 1 vol.

Pauvre Rentière, 1 vol.
La Famille napolitaine, 3 vol.
Simple histoire, 4 vol.
Stéphanor, 2 vol.
Stéphanie, 4 vol.
Soirée du bois de Boulogne, 2 vol.
Veillées d'une femme sensible, 2 vol.
Zeluco, 4 vol.
Adélaïde suivie de Josépha, 1 vol.
Amours (les) du lord Johnson, ou les Plaisirs de Paris.
Ancien (l') et le nouveau Paris, anecdotes amusantes.
Anecdote du jour, ou Histoire de ma détention, par
    Rosny, 1 vol.
Apolline et Dancourt, 2 vol.
Adelna, ou la Fille généreuse, 1 vol.
Adine, ou la Bergère des Pyrénées, 1 vol.
Astuces (les) de Paris, ou Histoire d'un nouveau Dé-
    barqué, 3 vol.
Bibliothèque des Boudoirs, romans rares et singuliers.
Calixta de Pormenthall, anecdote helvétique, 1 vol.
Camille et Formose, 1 vol.
Châteaux (les) d'Athlin, par mad. Radcliffe, 2 vol.
Claude et Claudine, 1 vol.
Villarceaux, 2 vol.
Dorbeuil et Céliane, leurs amours et leurs malheurs, 2 v.
Léopoldine, 4 vol.
Félicia, ou mes fredaines, 4 vol.
Fille (la) hussard, 1 vol.
Faiblesses (les) d'une jolie femme, 2 vol.
Georges et Isaure, 2 vol.
Henriette et Zoa, 1 vol.
Henri Bennet et Julie Johnson, 5 vol.
Honorine Clarins, 4 vol.
Idalie, ou l'Amante infortunée, 3 vol.
Illustre Servante (l'), nouvelle espagnole, 1 vol.
Infortunes (les) de la Galetière, nouv. édit. 2 vol.
Infortunée (l') Sicilienne, 2 vol.
Isabella et Henri, 4 vol.

Jacobin (le) Espagnol, 4 vol.
Jardinière (la) de Vincennes, 3 vol.
Cerfolin, 1 vol.
Laitière (la) de Saint-Ouen, 1 vol.
Laure et Felino, 1 vol.
Margot la Ravaudeuse, ou Fougeret de Monbron, 1 vol.
Mémoires turcs, 2 vol.
Mirano, ou les Sauvages, 1 vol.
Naufrages du capitaine Viaud, 1 vol.
Sabina d Herfeld, 2 vol.
Tournemont, ou les Confidences d'une jolie femme.
Vicomte de Barjac, 1 vol.
Amours (les) d'Alexandre et de la sultane Amazille.
—— d Ulisse et de Circé, par Mamin, 1 vol.
Aventures galantes de Jérôme, frère capucin, 1 vol.
Rosemond, ou la Vengeance maternelle, 1 vol.
Cabriolet de la belle Nina, 1 vol.
Carline et Belleval, ou les Leçons de la volupté, 2 vol.
Confessions d'un Solitaire, 2 vol.
Espiégleries (mes), 1 vol.
Hortense, ou la jolie Courtisanne, 2 vol.
Infortunes de Maria, esclave persanne, 1 vol.
Miss Lony, 1 vol.
Péchés (les jolis) d'une Marchande de modes, 1 vol.
Gérard de Velsen, 1 vol.
Etc. etc. etc. etc. etc. etc. etc. etc. etc. etc. et. etc. etc.
etc. etc. etc. etc. etc. etc. etc. etc. etc. etc. et etc.

DE L'IMPRIMERIE DE B. LOGEROT,
Rue Honoré, n°. 41, vis-à-vis la place Vendôme.